KB196052

어른의
인사말

어른의
인사말

이경석 지음

아무도 가르쳐주지 않는 사회생활의 기본

차례

2부 호감을 부르는 일상의 말 센스

관계를 유연하게 하는 대화의 기술

3부 평생 쓸모 있는 경조사의 모든 것

언제 어디서든 당황하지 않는 적재적소의 지식

4부 '일잘러'가 되기 위한 첫걸음

사회생활의 기본은 일의 언어를 배우는 것

오래전 글쓰기 모임에 참여했을 때의 얘기다. 정확히는 소설 작법을 배우는 강좌였다. 문예창작을 전공하는 대학생부터 늦깎이 문학청년까지, 미래의 소설가를 꿈꾸는 다양한 연령대의 사람들이 모인 자리였다. 강좌 첫날, 본격적인 수업에 앞서 선생님부터 시작해 돌아가며 자기소개를 하는 시간을 가졌다. 낯선 이들 사이에서 대부분 쑥스럽고 어색했겠지만, 자신이 어떤 일을 하는 사람이며 강좌에 참여한 이유, 또 좋아하는 작가가 누구인지 등의 내용을 섞어 나름 정성껏 자기소개를 했다. 소설을 좋아하고, 쓰고 싶다는 공통점 하나로 모인 이들의 면면은 다재로웠고 그만큼 흥미로운 첫 만남이었던 기억이 남아 있다. 처음 만난 이들에게 처음 말을 꺼내놓는 자리니 첫인사로 시작한 건 당연했다. 누구나 "안녕하세요."나 "반갑습니다."로 말문을 열었다. 그러다 사십 대 중반의 한 남성의 차례가 됐을 때였다. 모두의 시선이 그를 향했고, 선생님은 부드러운 미소와 손짓으로 다음 차례를 권했다. 그리고 그가 입을 열었다.

―이○○입니다.

그러곤 잠시 침묵이 흘렀다. 끝이었다. 모두가 당황했다. 어디
선가 꼴깍, 마른침 삼키는 소리가 들린 것도 같다. 어색한 침묵 끝
에 선생님 역시 어색한 미소를 띠며 소개를 이어갈 것을 종용했다.

―더 하실 말씀은 없으세요? 무슨 일을 하시고 왜 소설을 쓰려
　고 하시는지….
―없습니다.

그 남성의 자기소개는 그걸로 끝이었다. 다음 사람이 자기소개
를 시작하면서 어색한 상황은 넘어갔지만, 그때 그에게서 받은 첫
인상은 강렬하게 뇌리에 남았다. 정리해 보자면 이런 것들이다.

'왜 저렇게 삐딱하지? 화가 났나?'
'참 예의 없는 사람이네.'
'가까이 하면 안 되겠구나.'

강좌가 이어지면서 그와 대화할 계기도 생겼고 나중엔 술자리
도 갖게 되면서 그가 생각처럼 나쁜 사람은 아니란 건 알게 됐지만
그래도 첫인상은 쉽게 변하지 않았다. 결국 그는 누구와도 가까워

지질 못했고, 첫인상은 고스란히 그의 인품이 돼 종종 입방아에 오르내리곤 했다. 사실 왜 그랬는지 이유는 알 수 없다. 구구절절 자기 얘기를 하는 게 싫었을 수도 있고, 어떤 이유로 그날따라 심사가 뒤틀렸는지도 모르고, 그냥 원래 그런 성격일 수도 있다. 하지만 분명한 건, 어떤 이유를 대더라도 그 상황에 적절하진 않았다. 어른의 인사말은 아니었다.

인사와 관련해 첫인상이 좌우된 개인적 경험은 이 밖에도 많다. 상황에 맞지 않는 인사말이나 쭈뼛대는 태도 탓에 신뢰할 수 없고 조금 덜떨어진 사람 같다는 인상을 받은 경우도 있었다. 무언가 협력해 일을 진행해야 하는 상황이라면 이런 태도는 '이 사람과 함께해도 괜찮을까?' '과연 믿을 만한 사람일까?' 하는 의문을 갖게 만든다. 조금 과장하자면, 인사말이 어떤 일의 성패를 좌우할 수도 있는 거다.

이유는 알 수 없지만, 공연히 센 척하느라 인사를 허투루 하는 경우도 심심찮게 볼 수 있었다. 첫 만남에서 손아랫사람에게 다짜고짜 말을 놓는 것도 비슷한 경우다. 십 대 시절이라면 몰라도, 어른의 세계에서 이런 태도는 세 보이기는커녕 그냥 철없고 무례해 보일 뿐이다.

사회생활에서 인사는 곧 인품이다. 어지간한 사이가 아니고선 긴 이야기로 구구절절 내가 어떤 사람인지를 알릴 기회란 사실 혼

치 않다. 그보다는 오가며 주고받는 인사말을 통해 어림짐작하게
되는 경우가 훨씬 많다.

'참 예의 바른 사람이구나.'
'밝고 싹싹한 사람이네.'
'인상이 참 좋다.'

짧은 인사말이 그가 어떤 사람인지를 말해준다. 물론 억울할
수도 있다. 인사가 서툴 뿐이지 실제로는 착하고 예의 바르고 일도
잘하는 사람일 수도 있다. 실은 그래서 인사가 중요하다. 얼마나 억
울한가. 적절한 인사말 좀 몰랐을 뿐인데.

모르는 건 죄가 아니다. 모르는 건 물어보고, 찾아보고, 그렇게
배워서 적절히 활용하면 될 일이다. '아, 나는 적절한 인사말 같은
건 몰라. 그냥 대충 하지 뭐.' 아마도 이렇게 생각하는 사람은 없을
거다. 코흘리개 꼬마면 몰라도 어른이라면 그래선 안 된다. 어른의
세계에는 정해진 규칙이 있고, 그걸 잘 지키는 게 그 세계를 잘 살아
가는 한 방법이다.

사실 누구나 인사를 할 줄 안다, 그만큼 누구에게나 익숙하고
쉬운 일이다. 그런데 이 인사가 조금씩 어려워지는 시기가 있다. 어
른이 되면서부터다. 친구나 또래가 아닌 사람들과 어울리거나 무언

가를 함께 해야 할 경우가 생긴다. 마냥 귀엽게만 봐주시던 집안 어른들도 다 큰 성인이 어린애처럼 구는 데에는 눈살을 찌푸리기 마련이다. 직장 생활을 시작했다면 말할 것도 없다. 얼버무리고 넘어갈 수는 없는 너무 많은 상황과 그 상황에 맞는 어른의 인사말이 필요해진다.

문제는 누구도 이런 걸 자세히 알려주지 않는다는 점이다. 학교에서도 배운 적 없고 부모님도 하나하나 가르쳐주지 않는다. 신입사원 교육 과정에도 인사말 같은 건 없다. 그러다 보니 대부분 살며 부딪히며 배우게 된다. 실수를 하고 시행착오를 겪는다. 그렇게 배우는 게 어찌 보면 당연하다. 하지만 누군가 하나하나 알려준다면 훨씬 쉽게 갈 수 있지 않을까? 누구나 처음부터 실수 없이 정중하고, 예의 바르고, 신뢰감 주는 젊은이가 될 수 있지 않을까? 이 책은 그런 질문에서 출발했다.

인사는 단순히 몇 마디 말만을 의미하지 않는다. 책 속에서 자세히 다루겠지만, 살면서 누군가와 관계 맺고 교류하고 소통하는 모든 상황에 필요한 말과 행동, 태도와 마음가짐을 아우르는 개념이다. 험난한 세상에서 살아남기 위한 필수 행동 요령이라고 해도 과언이 아니다. 이 책에는 그간 누구도 자세히 가르쳐주지 않았던 일상생활에서의 인사말과 사회생활에서 맞닥뜨리는 다양한 상황에 필요한 에티켓, 원활한 관계 맺음을 위한 말 센스와 직장인에게 꼭 필요한 일의 언어를 담았다. 물론 이 책이 모든 상황을 해결해 주는 만병통치약은 아니다. 다만 어른의 세계를 살아가기 위한 최소한의 기본기를 갖추는 데는 제법 쓸모가 있을 거라고 믿는다. 그 탄탄한 기본기 위에 경험과 연륜을 쌓아 나만의 삶의 기술을 만들어 갈 수 있다.

어쩌면 인사말을 책까지 읽어가며 공부해야 하는 건지 의문이 들 수도 있다. 하지만 인사가 곧 인품으로 이어진다는 걸 생각하면 쉽게만 여길 수도 없는 노릇이다. 적절하고 정중한 인사말은 어쩌면 내 품격과 됨됨이를 높이는 가장 쉬운 방법일지도 모른다. 우리는 살며 수많은 관계를 맺기 마련이고, 그걸 유지하고 잘 풀어내는 데 꽤 많은 에너지를 쏟게 된다. 흔히 '정글'로 표현되는 사회생활, 직장 생활이라면 더 말할 것도 없다. 그 빽빽한 수풀을 헤쳐 나가는 데 작은 도움이 되기를, 이 책은 그런 마음을 담아 독자 여러분께 건네는 다정한 인사말이다.

2024년 12월

이경석

1부

말 한마디에도 태도가 있다

— 나의 가치를 높이는 인사말의 중요성

인사의 다양한 쓸모

'인사'라고 하면 만나거나 헤어질 때 서로에게 건네는 말이나 행동이 먼저 떠오르지만, 인사에는 생각보다 폭넓은 의미가 담겨 있다. 다음은 표준국어대사전에 나와 있는 인사의 뜻이다.

1. 마주 대하거나 헤어질 때 예를 표함. 또는 그런 말이나 행동.
2. 처음 만나는 사람끼리 서로 이름을 통하여 자기를 소개함. 또는 그런 말이나 행동.
3. 입은 은혜를 갚거나 치하할 일 따위에 대하여 예의를 차림. 또는 그런 말이나 행동.

국어사전 뜻풀이에서 알 수 있듯 인사는 단순한 말이 아니다. 처음 만난 사이는 물론이고 자주 보고 지내는 사이, 또 예의를 차려야 하는 사이 등등 우리가 생활하며 만나는 거의 모든 사람과의 사이에서 수시로 필요한 말이자 행동 요령이다. 따지고 보면 친구나 연인, 부부, 가족 사이에도 하루에도 몇 번씩 주고받는 게 바로 인사다. 때로는 물품이 인사가 되기도 한다. 고마운 사람에게 전하는 선물이나 어떤 대가에도 '인사'라는 말을 붙인다. 이렇게 보면 우리 생활의 대부분이 인사로 이뤄진다고 해도 과언이 아니다.

인사는 단순히 주고받는 것에서 끝나지 않는다. 인사의 효용성은 속담에서도 드러난다.

"말 한마디에 천 냥 빚도 갚는다."

말만 잘하면 어려운 일이나 불가능해 보이는 일도 해결할 수 있다는 말인데, 앞에 '인사'를 붙여 "인사말 한마디에 천 냥 빚도 갚는다."라고 해도 말이 된다. 상황에 맞고 예의 바른 인사말은 설령 천 냥 빚은 못 갚더라도 좋은 인상을 심어주고 어떤 문제나 상황을 잘 풀어나갈 수 있는 실마리가 돼줄 것은 분명하다.

모든 예절은 인사부터 시작한다

"매너가 사람을 만든다." 누구나 알고 있을 법한 영화「킹스맨」의 명대사다. 매너가 없으면 사람이 아니라는 의미로도 읽히는데, "예의가 곧 인품이다." "예절이 곧 인격이다."라고 바꿔 말해도 의미가 통한다.

'예의禮儀'의 사전적 의미는 '존경의 뜻을 표하기 위해 예로써 나타내는 말투나 몸가짐'이다. 앞서 살펴본 인사의 뜻과도 크게 다르지 않다. 예절禮節은 이 예의에 관한 모든 절차나 질서를 말한다. 주고받는 인사를 통해 예의가 드러난다고, 예절의 시작이 곧 인사라고 표현할 수도 있다. 인사는 가장 쉽고 기본적인 예절이다. 인사만 잘해도 예의 바른 사람이라는 인상을 줄 수 있다. 동네 어른들에게 꼬박꼬박 인사를 잘하는 꼬마가 착한 아이로 입에 오르내리는 게 한 예다. 어른도 마찬가지다. 적절하고 예의 바른 인사말은 내 인품을 높여주는 가장 쉬운 방법이 될 수 있다. 결국 "인사가 괜찮은 사람을 만든다."

한 번쯤 짚어볼 만한 기본 인사법

일상생활에서의 기본 인사말, 매일 하는 일상적인 인사말 정도야 누구나 알고 있겠지만 한번 짚고 넘어가자. 인사말은 사실 상황에 따라, 상대와의 관계에 따라 다양한 표현이 가능하고 개성을 담은 나만의 인사말을 만들어 쓸 수도 있다. 실제로 서로의 이름을 부르거나, "어이~" "헤이~" 하고 부르는 게 인사말이 되는 경우도 있다. 하지만 모든 상황을 포괄할 수 있는 인사말, 정형화된 인사말은 반드시 필요하다. 어떤 경우라도 두루 쓸 수 있어 유용하고, 자칫 결례를 범하게 되는 상황을 피하기에도 제격이다.

먼저 아침 인사다. 가정에서 아침에 윗사람에게 하는 인사는 "안녕히 주무셨습니까?" "안녕히 주무셨어요?"가 표준이다. '안녕히' 대신 '잘'을 쓰기도 하는데 '잘'은 '안녕히'보다는 상대를 덜 높이는 표현이라 윗사람에 쓰기에는 적절치 않다. '주무셨습니까?'가 조금 더 정중한 표현이라면 '주무셨어요?'는 예의에 어긋나지는 않으면서 친근한 느낌을 주는 인사말이다. 동년배나 아랫사람에게는 "잘 잤어요?" "잘 잤니?" "잘 잤어?" 등 어미를 적절히 바꿔 말할 수 있다.

성인인 이웃끼리도 마찬가지다. "안녕히 주무셨습니까?" "안녕히 주무셨어요?"에 기본 중의 기본 인사말인 "안녕하십니까?" "안녕하세요?"를 함께 쓸 수 있다.

출근해서 만난 직장 동료들에게도 "안녕하십니까?" "안녕하세요?"가 표준이다. 다만 오랜만에 만났다면 "안녕하셨습니까?" "안녕하셨어요?"를 쓸 수 있다. 아침에 "좋은 아침!"이라고 인사하는 경우도 흔히 볼 수 있는데, 이는 영어 아침 인사인 "굿 모닝Good Morning!"을 직역한 것에 불과해 좋은 우리말 인사라고 보긴 어렵다.

잠자기 전에 나누는 저녁 인사는 주로 가정에서 쓰인다. 윗사람에게는 "안녕히 주무십시오." "안녕히 주무세요."가 표준이고 아랫사람에게는 "잘 자라." "잘 자." "편히 쉬어." 등으로 인사할 수 있다.

오랜만에 혹은 오가다 인사하기

매일 또는 자주 뵙는 웃어른이 아니라면 인사말도 조금 달라진다. 오랜만에 만난 어른에게는 "그동안 안녕하셨어요?"가 가장 정중한 인사다. "그동안 잘 지내셨어요?"나 "그동안 별고 없으셨어요?"도 쓸 수 있다. 별고別故는 '특별한 사고'란 뜻으로 풀자면 '못 보고 지내는 동안 별다른 문제는 없었느냐' 정도가 된다. 관습적으로 쓰이는 인사말이니 '별고 없으셨느냐'는 물음에 실제로 어떤 사고가 있었더라도 그걸 줄줄이 늘어놓을 필요는 없다. 상황을 자세히 알려야 할 특별한 이유가 있는 게 아니라면 받는 사람도 일상적인 인사말로 응대하면 된다. 또래나 아랫사람에게는 "안녕하셨어요?" "오랜만이에요." "잘 지냈어?" 등을 쓸 수 있다.

오가다 만난 이웃 어른에게도 "안녕하십니까?" "안녕하세요?" 하고 인사한다. 집을 나서는 어른에게는 "어디 가십니까?" "어디 가세요?", 외출했다 돌아오는 어른에게는 "어디 다녀오십니까?" "어디 다녀오세요?" 하고 인사할 수도 있다. 실제로 가는 목적지나 다녀온 곳을 묻는 말이 아니라 "안녕하세요?"와 비슷한 의미로 흔히 쓰이는 단순한 인사말이다. "안녕히 주무셨어요?"가 실제로 양질의 충분한 수면을 취했는가를 묻는 게 아닌 것과 같은 이치다. 인사를 받는 입장이라면 가볍게 행선지를 밝혀도 좋고, 물음에 상관없이 일상적인 인사말을 나눠도 좋다.

직장이나 동네 등에서 그날 한 번 인사한 윗사람을 여러 번 마주친다면? 이미 한 번 인사를 했다면 인사말 없이 가벼운 목례와 미소만으로 충분하다. 볼 때마다 몇 번이고 인사할 수도 있겠지만, 자칫 지나치다고 여겨질 수 있으니 굳이 그럴 필요는 없다.

인사는 관계의 시작과 끝이다. 만날 때 인사를 나눴듯이 헤어질 때도 인사로 마무리하는 게 규칙이다. "안녕히 가세요." "조심히 들어가세요." 같은 기본 인사말에 상황에 따라 "덕분에 좋은 시간 보냈습니다." "시간 내주셔서 감사합니다." "다음에 또 뵙겠습니다." 와 같은 살을 붙이는 것도 좋다.

직장에서 먼저 퇴근하며 남아 있는 사람에게 하는 인사로는 "먼저 들어가겠습니다."나 "내일 뵙겠습니다."가 적당하다. 먼저 퇴근하는 사람이 인사를 하면 "안녕히 가십시오." "안녕히 가세요." "수고하셨어요."와 같이 인사할 수 있다.

지인과 함께 버스나 지하철, 택시, 자가용 같은 교통수단이나 엘리베이터 등을 타고 먼저 내리게 될 때는 "먼저 내리겠습니다." "먼저 내려요."로 인사한다. 먼저 내리는 사람에게는 "안녕히 가십시오." "안녕히 가세요."로 인사한다.

첫인상을 좌우하는 자기소개의 기술

초등학생 시절에 두 번 전학을 다녔다. 새 학교에 첫 등교를 하던 날, 담임 선생님을 따라 반에 들어서면 일제히 내게 쏠리던 아이들의 시선과 교탁 앞에 서서 우물쭈물 내 소개를 하던 모습이 어렴풋한 기억으로 남아 있다. 당연히 낯설어 어색했고, 꼬마에게 그리 유쾌한 상황은 아니었다. 간신히 어느 학교에서 전학 온 누구라고까지 얘기하고는 쭈뼛쭈뼛 선생님의 처분을 기다렸던 것 같은데, 이럴 때 딱 정해진 '표준 자기소개 규정' 같은 게 있었다면 참 좋았겠다는 생각이 든다. 처음 본 아이들에게 존댓말을 해야 할지, 반말이 더 나을지, 무엇무엇을 어떤 순서로 말해야 하는지, 앞으로 잘 지내보자는 부탁은 어떤 식으로 덧붙이는 게 좋은지 말이다.

사실 어른이 돼서도 크게 달라지진 않은 것 같다. 낯모르는 사람들 앞에서 나를 소개하는 일은 여전히 쉽지 않다. 물론 그런 시선을 즐기고 앞에 나서서 말하길 좋아하는 사람도 있겠지만, 대부분은 그렇지 않을 것이다. 더욱이 처음 나를 소개한다는 건 생각보다 중요하다. 다른 이들에게 오래도록 각인될 '첫인상'을 남기는 계기이기 때문이다. 그저 외모만으로 인식된 첫인상이나 선입견을 바꾸는 좋은 기회가 될 수도 있다.

TV에서 오래전 인기를 끈 〈짝〉을 비롯해 여전히 인기인 〈나는 솔로〉와 같은 연예 리얼리티 프로그램을 본 적이 있는지? 서로 모르는 남녀를 모아놓고 대화하고 알아가며 연인을 찾는 프로그램인데, 외모만으로 판단한 첫인상이나 막연히 '이런 사람일 것'이라고 예상했던 부분들이 자기소개와 함께 뒤바뀌는 경우를 심심찮게 볼 수 있다. 물론 사회생활이 그런 연애 상황과 같진 않겠지만, 그만큼 자기소개가 주는 힘이 있다는 뜻이다.

글로 쓰는 자기소개서와 달리 말로 하는 자기소개는 상대에게 생각보다 많은 걸 전달한다. 말에 담긴 내용과 함께 말하는 억양과 표정, 태도가 고스란히 드러나고, 그 하나하나가 내 첫인상을 결정 짓는 중요한 요소가 된다.

듣는 사람은 나에게 무엇이 궁금할까?

사실 자기소개에 정해진 규칙은 없다. 중요한 건 그 상황에 맞는, 필요한 정보를 간결하고 정확하게 전달하는 것이다. 소개하는 모임의 성격이나 상황에 따라, 가급적 객관적 사실을 기준으로 한 담백한 소개가 깔끔한 인상을 준다. 자기소개서와는 다르니 살아오며 느낀 점이나 가치관 따위를 담아 거창하게 포장할 필요는 없다. 다른 사람들이 궁금해할 만한 정보는 쏙 빼놓고 엉뚱한 소개를 하거나 불필요한 정보를 구구절절 늘어놓다가는 자칫 어수룩하거나 조금 이상한 사람으로 취급받기 쉽다. 더욱이 여러 사람이 돌아가며 소개하는 상황이라면 시간을 끌지 않는 게 예의다.

쭈뼛대거나 기어들어 가는 목소리로 자기소개를 하는 것도 당연히 좋지 않다. 자신감 없고 조직에 융화되기 어려운 사람이란 인상을 준다. 동갑내기만 모인 학급이라든가 미리 서로 반말하기로 약속된 경우처럼 특수한 상황이 아니고선 초면에는 존댓말을 쓰는 게 기본이다. 구성원이 척 보기에도 자기보다 어려 보인다고 다짜고짜 말을 놓는 경우가 있는데, 절대 좋은 인상을 주지 못한다. 존댓말과 반말의 경계 어디쯤을 오가는 것도 마찬가지다.

이처럼 간혹 알 수 없는 이유로 '센 척'하는 사람을 보게 된다. 무시당하지 않겠다는 자존감인지 뭔지 모르겠지만, 그런 게 먹히고 어떤 유의미한 효과를 내는 건 딱 청소년기까지다. 어른의 세계에선 세 보이기는커녕 그냥 무례하고 무식해 보일 뿐이다.

가장 좋은 건 적당한 크기의 목소리와 안정된 톤으로 또박또박 말하는 것인데, 사실 그리 쉬운 일은 아니다. 자신을 소개할 상황을 앞두고 있다면 미리 말할 내용을 적고 반복해 읽으며 연습해 보는 것도 좋은 방법이다.

너무 미리 준비한 것 같아 보이지는 않을까 생각된다면 쓸데없는 걱정이다. 잘 나가는 프로 강사도 강연에 앞서 시강을 해보고 아나운서나 기자들도 반복해 멘트를 연습한다. 내 첫인상을 좌우하는 자기소개에 공을 들이고 연습하는 건 어찌 보면 당연한 일이다. 간결하지만 명확하고 예의 바르게, 물 흐르듯 자연스럽고 편안한 자기소개는 듣는 사람에게 좋은 인상을 주기 마련이다.

자기소개도 상황에 맞게 변주가 필요하다

자기소개 또한 넓은 범주의 인사다. 당연히 인사말로 시작하는
게 순서다. 인사말 다음으로는 이름, 나이, 직업이 기본이다. 나이
는 사람에 따라 예민한 정보일 수 있으니 꼭 필요한 경우가 아니라
면 굳이 밝히지 않아도 괜찮다. 개인정보에 민감한 시절이라 요즘
은 대체로 이해하는 분위기다. 직업도 마찬가지다. 회사명과 직급
이 아니라, 종사하는 일이 무엇인지를 밝히는 정도면 충분하다. 그
것도 내키지 않는다면 그냥 회사원이나 직장인이라고 해도 괜찮다.

그 뒤로는 필요에 따라 취미나 관심사, 사는 곳과 결혼 여부 등
자신이 공개하고 싶은 정보를 자연스럽게 붙일 수 있다. 자기소개를
하는 모임의 성격에 따라 어떤 이유로 모임에 참석하게 됐는지, 이
모임을 통해 어떤 걸 기대하는지를 간략하게 덧붙이는 것도 좋다.

인사치레라도 적당히 구성원들을 추어올리는 듯한 말을 곁들
이는 것도 나쁘지 않다. 누구나 예의상 그러는 줄 알지만 싫어할 사
람은 없다. 적당히 격식을 차린다는 정도로 생각하면 된다. 그다음
끝인사로 마무리한다.

안녕하세요. 제 이름은 강주영이고 나이는 스물아홉 살입니다. 출판사에서 영업을 하고 있습니다. 운동을 좋아해서 테니스와 수영을 꾸준히 하고 있습니다. 평소 책 읽기에 관심이 있어서 이 모임에 참여하게 됐습니다. 앞으로 잘 부탁드립니다. 감사합니다.

반갑습니다. 김재현이라고 합니다. 직장인이고, 염창동에서 아내와 중학생인 딸과 함께 살고 있습니다. 책 읽기를 좋아는 하는데, 이런 모임에 참여하면 더 깊이 있고 꾸준하게 책을 읽을 수 있을 것 같아서 신청했습니다. 여러 좋은 분들을 만나뵙게 돼서 기대가 큽니다. 열심히 참여하겠습니다. 감사합니다.

안녕하세요. 제 이름은 정보경입니다. 한국대학교 식품공학과 1학년입니다(대학교에서 식품공학을 공부하고 있습니다). 집은 부산인데, 지금은 학교 근처 하숙집에서 살고 있어요. 인터넷에서 독서 모임을 알아보다 이 모임늘 알게 됐습니다. 좋은 책도 많이 읽고 여러 선배님의 좋은 말씀도 많이 듣고 싶습니다. 잘 부탁드립니다.

업무상 자기소개는 간단하게

사적 모임이 아니라 업무상 관계에서 나를 소개하는 경우라면 물론 얘기가 달라진다.

그렇다고 어려울 건 없다. 오히려 이쪽이 훨씬 간단하다. '상대에게 업무상 필요한' 정보만 전달하면 충분하기 때문이다. 사적인 교류나 친분을 쌓는 게 목적이 아니라면 굳이 '개인으로서의 나'를 구구절절 소개할 필요가 없다. 다니는 직장과 하는 일이 곧 내가 되는 셈이다. 소개할 내용으로는 소속과 이름, 직함, 담당업무가 대표적이다. 소속의 경우 상대방이 직장 외부 사람이라면 회사명과 부서명을 함께 말하는 게 기본이지만, 서로 간에 이미 소속을 알고 있다면 이름과 직함만 밝혀도 충분하다. 같은 직장 동료라면 소속 부서명만 말한다.

안녕하세요. 출판사 클 강주영입니다.

안녕하세요. 영업2팀 과장 유진선입니다. 마케팅을 담당하고 있습니다.

오랜만에 만났다면 안부를 묻자

안부安否는 어떤 사람이 편안하게 잘 지내고 있는지, 그렇지 않은지에 대한 소식을 전하거나 묻는 일을 말한다. 여기에 인사가 붙으면 '편안하게 잘 지내는지 아닌지에 대한 소식을 전하거나 묻는 인사'가 된다. 어제 보고 오늘 또 만났는데 안부를 묻지는 않는다. 안부는 한동안 보지 못했거나 혹은 연락 없이 지낸 사이에 별일 없이 잘 있었는지를 묻는 인사라고 생각하면 된다.

안부를 묻거나 전하는 건 예로부터 일상적인 인사와 거의 같은 의미로 쓰였다. 안부 인사라는 게 특정한 시기나 상황에 실제로 누군가가 어떻게 지내는지를 묻는 것이라기보다는 평상시 흔히 쓰이는 인사말이라고 생각해도 크게 다르지 않다.

실제로 우리가 흔히, 가장 많이 쓰는 인사말인 "안녕하세요?"의 '안녕安寧'은 '아무 탈 없이 편안하다'는 뜻이다. 그러니까 "안녕하세요?"는 '아무 탈 없이 편안하세요?'라는 뜻인데, 앞서 말한 안부의 의미와 결국 같다. 일상적인 인사말을 건넸는데, 실제로는 자신이 편안하지 않은 상태라고 해서 안녕하지 않다며 화를 내는 사람은 없다. 물론 장례식장에서 유족들에게 건네는 인사라든가 아픈 사람, 가족 중에 환자가 있는 걸 뻔히 알고 있는 경우와 같이 '편안하지 않은 상태'가 분명한 경우라면 주의가 필요하다. 하지만 그 밖의 일상적인 경우라면 "안녕하세요?" 하고 인사하듯 편하게 안부 인사를 주고받을 수 있다. 안부 인사를 건네기 전에 '잘 지내느냐고 물었는데 잘 못 지내고 있으면 어떡하지?'와 같은 고민은 하지 않아도 된다. 아래 인사말을 적절히 활용해 보자.

- 안녕하셨어요? 오랜만에 뵙습니다. 그동안 별일 없으셨죠?
- 안녕하세요? 그동안 잘 지내셨어요?
- 반갑습니다. 그동안 어떻게 지내셨어요?
- 오랜만입니다. 그간 별일 없으셨어요?

때로는 가족의 안부까지

대화하는 상대방의 안부를 묻는 게 기본이지만, 상대방의 부모님이나 다른 가족을 알고 있다면 그들의 안부까지 함께 묻는 게 일반적이다. 상대방의 가족을 전혀 몰라도 인사치레로 묻는 경우도 많다.

- 그동안 잘 지내셨어요? 어르신들은(부모님은) 건강하시죠?
- 오랜만에 뵙습니다. 가족분들도 건강하시죠?
- 오랜만에 봬요. 가족분들도 잘 지내시죠?

설령 가족의 안부를 물었는데 상대방의 가족 중에 환자가 있거나 안 좋은 일을 겪은 사람이 있다고 해도 문제가 되지 않는다. 일상적 인사를 건넸을 뿐이고 몰랐으니 실례가 아니다. 관계의 깊이에 따라 굳이 가족의 실제 상황을 밝힐 사이가 아니면 상대방도 그냥 넘어갈 것이고, 어느 정도 친분이 있는 상대라면 알아서 가족의 근황을 알린다. 그런 상황이라면 적당한 위로의 말로 인사를 이어가면 된다.

상대방의 가족을 잘 모른다면 굳이 가족의 안부까지는 묻지는 않는 게 좋을 수도 있다. 어른들의 대화에서 부모님은 고령일 가능성이 높고, 그렇다 보니 지병을 앓고 계시거나 더 안 좋게는 돌아가셨을 가능성도 있다. 상대방은 그냥 그러려니 하고 넘길 수도 있겠지만, 의도치 않은 어색한 상황을 굳이 만들 필요는 없기 때문이다.

집안 어른이나 은사님 등 오랜만에 만난 어른에게는 "그동안 안녕하셨습니까?"가 가장 정중하고 또 가장 무난하다. "그동안 별고 없으셨습니까?"도 괜찮다. 적당히 예의를 차려야 할 지인이라면 "안녕하셨어요? 오랜만에 뵙습니다." 정도면 무난하다. 여기에 상대방에 따라 적절히 가족의 안부를 덧붙이는 게 요령이다.

이 자리에 없는 사람에게 안부를 전하기

사회생활을 하다 보면 다른 사람의 안부 인사를 대신 전하게 되는 경우도 생긴다. 누군가 '안부를 전해 달라'고 부탁하는 경우인데, 이럴 때는 '안부'라는 말 자체가 인사말이 되기도 한다. 보통 내가 만날 예정인 사람을 함께 또는 먼저 알고 있는 사람이 "안부 좀 전해줘." "제 안부도 전해주세요." 하는 식으로 부탁한다. 이럴 때는 '안부'란 말 자체를 전하면 된다. 그 말 자체가 인사다. "과장님께서 안부 전해 달라고 하셨습니다." "박정영 부장님이 안부 전해 달라고 하셨어요."라고 전한다.

누군가의 안부 인사를 대신 전해 받았다면 뭐라고 대답해야 할까? 기본은 나 역시 그 안부 인사를 전해 달라고 부탁한 이의 안부를 묻는 거다. 예를 들어, 상대방이 "박정영 부장님이 안부 전해 달라고 하셨습니다."라고 했다면 "박정영 부장님도 잘 계시지요?(잘 지내시지요?)" 하는 식으로 안부를 되묻는 게 기본 예의다. "예. 저는 잘 지낸다고 전해 주세요."와 같이 답변을 대신 전해 달라고 부탁하는 것도 한 방법이다. 안부를 전해 달라고 한 사람이 어느 정도 예의를 차려야 할 상대라면 안부 인사를 대신 전해 준 사람과의 만남 뒤에 안부 전화를 걸거나 문자 메시지를 남기는 것도 좋다. 아래와 같은 문장 정도면 무난하다.

이주민 선생님(대리님/과장님/부장님), 안녕하세요. 출판사 클 강주영 사원입니다. 조금 전 김정원 선생님(대리님/과장님/부장님)께 안부 전해 들었습니다. 저는 덕분에 잘 지내고 있습니다. 기회가 된다면 한번 찾아뵙고 인사드리겠습니다. 감사합니다.

이주민 선생님, 오랜만에 인사드립니다. 방금 김정원 선생님께 안부 인사 전해 들었습니다. 늘 신경 써주셔서 고맙습니다. 조만간 또 연락드리겠습니다.

김정원 선생님 통해 안부 전하셨다고 들었습니다. 제가 먼저 인사드렸어야 하는데, 송구한 마음입니다. 곧 연락드리겠습니다. 감사합니다.

이제 그만, 인사를 끝내는 인사말

길을 가다 업무상 지인과 우연히 마주쳤을 때를 떠올려 보자. 별로 친하지 않은 동창이나 직장 동료, 데면데면한 친척 등등 정말 반갑게 밀린 이야기를 나눌 만한 사이가 아니라면 누구라도 상관없다. 물론 무시하고 그냥 지나칠 수는 없는 사이다.

"안녕하세요? 잘 지내셨죠?"

"오랜만이네요. 가족분들도 건강하시죠?"

"반갑습니다. 여기서 다 뵙네요."

기본적인 인사말과 안부가 오가고 여긴 어쩐 일로 왔느냐, 직장이 이 근처냐 등등의 억지로 쥐어짠 대화가 두어 번 이어지고 나면, 이제 더 이상 할 말이 없다. 어색한 웃음 사이로 침묵이 흐르거나 괜한 말, 쓸데없는 말이 두서없이 계속될 수도 있다. 뭐가 됐든지 편치 않은 상황이다.

첫인사만큼이나 끝인사도 중요하다. 격식을 차린다는 측면에서도 그렇지만, 적절한 선에서 대화를 끝맺음하기에도 유용하다. 헤어질 때 인사로 대표적인 것은 "안녕히 가세요."와 "안녕히 계세요."를 들 수 있다. 물론 이 인사말은 이제 그만 헤어지기로 상황이 모두 정리됐을 때 쓴다. 대화 중에 느닷없이 안녕히 가시라고 인사할 수는 없는 노릇이다.

그렇다면 안녕히 가시라는 인사 전에 적당히 대화를 정리할 만한 말이 필요하다. 이럴 때는 "만나서 반가웠습니다. 다음에 또 뵐게요." "그럼 다음에 뵙겠습니다." 정도가 무난하다. 대화를 그만 끝내야 하는 이유를 붙이는 것도 나쁘지 않다. "사무실에 들어가 봐야 해서 그만 가보겠습니다. 다음에 또 뵙겠습니다." 같은 식이다. 시간이 넉넉지 않아서, 약속 장소에 가는 길이라, 일정이 있어서, 일행이 기다리고 있어서 등등 다양한 이유를 붙일 수 있다.

상대방을 배려하는 듯한 느낌으로 대화의 끝맺음을 유도할 수도 있다. "바쁘실 텐데 제가 시간을 뺏은 것 같습니다. 그만 가보겠습니다." "그럼, 일 보십시오. 다음에 연락드리겠습니다."와 같이 말할 수 있다. 상대방이 계속해서 대화를 이어가고 있는 상황이라면 적당한 타이밍을 잡는 게 관건이다. 중간에 말을 자르는 건 결례가 되니 일단은 이야기의 단락, 말이 잠시 끊기는 순간을 기다렸다가 대화를 정리하는 말을 꺼내는 게 좋다.

오랜만에 만난 지인과 안부 인사를 나눈 뒤에도 짧은 끝인사를 덧붙이는 것도 좋다. 적당한 선에서 대화를 마무리 짓는 방법이기도 하다. "만나서 반가웠습니다." "다음에 또 뵙겠습니다." "시간 내주셔서 감사합니다." 정도가 무난하다.

부모님 성함을 말할 때

아버지나 어머니의 성함을 묻는다면 어떻게 대답해야 할까? 그냥 내 이름을 알려주듯 "김재현입니다."라고 해도 될까?

별것 아닌 것 같지만 우리나라에선 부모의 성함을 어떻게 말하는지가 제법 중요하다. 나이 지긋한 어르신일수록 더 그렇다. 예의범절과 가정교육의 척도로 여겨지기도 한다. 누군가가 부모님 성함을 물어올 일이 뭐가 있을까 싶지만, 살면서 한두 번은 꼭 겪는다. 간단한 대답 하나로 요즘 보기 드문 예의 바른 젊은이가 될 수도 있고, 가정교육이 잘된 집안에서 자랐다는 인상을 줄 수도 있다.

남자 친구나 여자 친구 집에 인사를 드리러 간 상황을 떠올려보자. 애인의 부모님이 "아버님 존함이 어떻게 되시나?" 하고 물었는데 "저희 아빠요? 김경태인데요."라고 대답했다면 그 뒤로 별로 유쾌한 분위기는 아닐 것이다. 물론 그런 것을 중요하게 여기지 않는 어른도 있다. "요즘 애들이 다 그렇지 뭐." 하면서 웃어넘길 수도 있다. 그래도 이왕이면 격식과 예의를 갖춰서 득이 되면 됐지 손해 볼 건 없다.

성명 vs 성함 vs 함자 vs 존함

성명姓名은 성과 이름을 아울러 이르는 말이다. 성함姓衛은 성명의 높임말이다. 부모님을 포함해 웃어른의 성명은 높임말을 써 성함이라고 하는 게 예의다. 함자衛字, 존함尊函이란 말도 자주 쓰인다. 둘 다 남의 이름을 높여 이르는 말이다.

함자와 존함은 사실 성을 제외한 이름자만 가리키는 말이지만, 보통 성함과 마찬가지로 성과 이름을 함께 뜻하는 말로 쓰이는 경우가 많다. "아버님 함자가 어떻게 되시나?" 혹은 "아버님 존함이 어떻게 되시나?"란 질문을 "아버님 성함이 어떻게 되시나?"와 같은 말로 생각해도 된다.

묻는 사람이 이미 답하는 사람, 그러니까 내 성을 알고 있는 경우이거나 집안 어른이라면 꼼꼼하게 따져 정확히 이름만 물은 것일 수도 있다. 그래도 성과 이름을 함께 답하는 게 크게 잘못되거나 예의에 어긋나는 건 아니다. 복잡하게 생각할 것 없이 부모님의 성과 이름을 함께 알려드린다고 기억하자. 아버님과 어머님을 높여 부친父親, 모친母親이라고 부르는 경우도 흔하다.

부모님 성함을 올바르게 말하는 법

부모님의 성함을 다른 사람에게 알려줄 때는 '성' '이름 첫 글자+자' '이름 두 번째 글자+자'로 말한다. 아버지 성함이 '김경태'라면 "김, 경 자, 태 자이십니다." 또는 "김, 경 자, 태 자 쓰십니다."라고 말하는 게 표준이다. 성 뒤에도 '자'를 붙여 "김 자, 경 자, 태 자이십니다."라고 하는 경우가 있는데, '자'는 이름에만 붙인다는 게 국립국어원의 표준 언어 예절 지침이다.

본관을 붙여 말하면 좀 더 격식을 차린 느낌을 준다. 꼭 그럴 필요는 없지만 가급적 예의를 차려서 나쁠 건 없다. 본관本貫은 시조始祖, 즉 같은 핏줄의 가장 처음이 되는 사람이 태이난 곳을 말한다. 집안의 뿌리를 거슬러 올라가 맨 처음 조상의 고향이 본관이 된다. 관공서에서 가족관계증명서를 떼보면 한자로 적혀 있다. 김해 김씨, 밀양 박씨, 전주 이씨가 우리나라에서 가장 많은 본관 성씨다. 살면서 들어본 건 많지 않아도 실제로 우리나라에는 36,700여 개에 달하는 본관이 있다.

요즘은 묻는 경우도 드물고 젊은 층에선 자신의 본관을 모르는 경우도 많지만, 중장년층이나 어르신들 사이에선 낯설지 않다. "김해 김씨에 경 자, 태 자이십니다." "김해 김씨에 경 자, 태 자 쓰십니다."라고 말하면 제법 배운 집안 자제인 듯 기품 있게 부모님 성함을 소개할 수 있다.

누가 묻지 않았어도 부모님의 성함을 알려야 할 때가 있다. 나를 모르는 부모님의 지인을 만났을 경우다. 내 이름만 밝혀선 내가 누군지 알 수 없으니 이럴 땐 부모님에 기대어 나를 소개해야 한다. "저희 아버지가 김, 경 자, 태 자 쓰십니다." "저희 아버지 성함이 김, 경 자, 태 자이십니다."라고 부모님의 성함을 통해 나를 소개할 수 있다.

김해 김씨? 김해 김가?

자신의 성이나 본관, 또는 부모님의 성이나 본관을 말할 때 '가
哥'를 붙여야 하는지, '씨氏'를 붙여야 하는지에 대해서는 논란이 많
다. 다만 김가, 박가, 이가 할 때의 '가'는 한편으론 성을 낮춰 부르는
의미를 담고 있어 웃어른에게 붙이기에는 적절하지 않다. 반대로
김씨, 박씨, 이씨에 붙는 '씨'는 성을 높여 부르는 의미가 있다.

특히나 부모와 관련해서는 상대가 누구든 무조건 높여 말하는
게 일반화돼 가는 추세다. 부모님보다 나이가 많든 사회적 지위가
높든 무조건 높여 말하는 게 예의고 전통적인 화법에 맞는다. 부모
님의 성이나 본관을 남에게 소개할 때는 '씨'를 붙이는 게 바람직하
다. 내 성과 본관을 남에게 말할 경우는 '가'를 쓴다. "김해 김가입니
다."라고 말하는 게 전통적인 관습이다.

경어법, 어디를 높이고 어디를 낮출까?

우리말의 경어법敬語法(남을 높여서 말하는 법)은 복잡하다. 외국인이 한국어를 배울 때 애를 먹는 부분이기도 하다. 모국어인 우리도 헷갈리는데, 생각해 보면 당연한 얘기다. 말하는 사람과 듣는 사람의 관계에 따라 결정되는 공손의 표현이 있고, 주체를 높이는 존경의 표현 등 적절한 말을 골라 쓰기가 생각보다 쉽지 않다. 하지만 알아둬서 손해 볼 건 없는 정도가 아니라, 어른이라면 몰라서 손해볼 일이 많다. 잘못 썼다가는 예의 없는 사람이 되거나 이상한 사람 취급받기 쉽다.

경어법의 기본은 동작이나 상태의 주체인 사람을 높일 경우 서술어에 '시'를 넣어 존경을 표하는 것이다. 이를테면 '일하시다' '건강하시다' '웃으시다'와 같은 표현을 말한다. 여기에 더해 따로 존댓말을 써서 주체를 높이기도 한다. '밥'을 '진지'로, '먹다'를 '잡수시다'로, '묻다'를 '여쭙다'로 바꿔 말하는 식이다.

'시'를 어디까지 써야 하는지도 고민거리다. 서술어마다 죄다 붙이자니 영 어색하다. '아버지께서는 서재에서 책을 읽으시고 계십니다.'라고 하면 언뜻 굉장히 공손하게 들리지만 바람직한 표현은 아니다. 서술어마다 '시'를 붙이는 게 더 예의 바른 높임말이라고 생각하는 경우가 있는데, 지나친 존대는 외려 예의가 아니고 자칫 빈정대는 것처럼 들릴 수도 있어 주의해야 한다. '아버지는 서재에서 책을 읽고 계십니다' 정도면 충분하다. 서술어 역할을 하는 동사와 형용사가 여러 번 쓰일 경우, 딱 정해진 규칙이 있는 것은 아니지만 문장의 마지막 서술어에 '시'를 쓰는 게 일반적이다.

단, 무조건 그런 건 아니고, 반복해 쓰는 것이 자연스러운 때도 있다. '주무시고 가셨다'는 '자다'에 대한 존경의 의미가 담긴 '주무시다'란 말이 따로 있는 경우다. 이럴 땐 늘 '주무시다'를 쓰면서 함께 나오는 다른 서술어에도 '시'를 붙여 '갔다'가 아니라 '가셨다'로 쓰는 것이 자연스럽다. 주어에 붙는 '-께서'는 대화에서 굳이 쓰지 않아도 되는 표현이다. 서술어에 붙은 '시'만으로도 충분한 높임말이 된다. '-이/가' 등을 쓰는 게 더 자연스럽다. 다만 아주 깍듯이 존대해야 할 사람이거나 공식적인 자리라면 '-께서'를 쓸 수도 있다.

'아버지는 집에 계십니다'가 틀렸다고?

조금 특이한 경어법으로 '압존법壓尊法'이라는 게 있다. 주체가 높여야 할 대상이지만 말을 듣는 이가 그보다 더 높을 때 '높임말을 줄이는 말 법칙'이다. 예를 들어 할아버지에게는 아버지를, 부장에게는 과장을 높이지 않는 식이다. 예를 들면 아래와 같다.

- 할아버지, 아버지는 집에 안 계십니다. (×)
  → 할아버지, 아버지는 집에 없습니다. (○)
- 부장님, 그건 김 과장님이 하셨습니다. (×)
  → 부장님, 그건 김 과장이 했습니다. (○)
- 큰형님, 작은형님 오셨습니다. (×)
  → 큰형님, 작은형 왔습니다. (○)

예로부터 이어져 온 전통 언어 예절이지만 사실 오늘날엔 쓰임새가 많이 줄었다. 압존법을 철저하게 지키는 조직은 군대 정도만 남아 있다. 유난히 보수적인 조직이라면 몰라도 어지간해선 윗사람이라면 두루 높이는 게 요즘 분위기다. 그래도 혹시 모르니 확인해 볼 필요는 있다. 속한 조직 또는 개인의 성향에 따라 압존법을 중요 시할 수도 있기 때문이다. 그런 경우라면 별생각 없이 한 높임말이 뜻밖에도 상대방의 기분을 상하게 하거나 예의 없는 사람이라는 인식을 심어줄 수도 있다. 압존법을 지켜야 하는 분위기인지 잘 모르겠다면 기존 구성원들의 대화에 귀 기울여 눈치껏 파악하는 게 한 방법이다. 그래도 헷갈린다면 동료나 선배에게 물어보자. 쉽게 드러나지 않는 조직이나 개인의 성향을 모르는 건 흉이 아니다.

특히 부모님의 경우는 압존법에 상관없이 부모보다 윗사람에게도 높여 말하는 게 일반화돼 가는 추세다. "할머니, 어머니가 전해드리라고 하셨어요."라고 해도 결례가 아닌 분위기가 됐다. 간혹 다른 사람에게 부모를 낮춰 말하는 사람이 있는데, 이건 예의가 아니거니와 전통적인 어법에도 어긋난다. 듣는 사람이 부모보다 나이 많은 스승이라도 마찬가지다. "선생님, 저희 아버지가 이렇게 말씀하셨습니다."라고 말한다. 가족 외의 다른 사람에게 부모를 말할 때는 언제든 높이는 게 옳다.

그래도 사물은 높이지 말자

경어법에 있어 높여야 할 대상이 아닌 사물을 존대하는 '사물 존칭'은 바로잡아야 할 잘못된 어법이다. 주로 서비스업종 종사자에게서 흔한데 언뜻 고객을 한껏 높이는 것 같지만 그냥 틀린 말이며 잘못된 표현이다. 불필요한 '시'의 남발일 뿐이다.

- 주문하신 음료 나오셨습니다. (×) → 음료 나왔습니다. (○)
- 문의하신 제품은 품절이십니다. (×) → 품절입니다. (○)
- 포장이세요?(×) → 포장해 드릴까요?(○)

단, 듣는 사람의 신체 일부분, 소유물, 성품, 심리 등 주어와 밀접한 관계를 맺고 있는 대상이라면 그 대상을 높여 주어를 간접적으로 높이는 '간접 존대'가 가능하다. "시계가 참 멋있으시네요." "코가 참 예쁘시다." "고민이 많으시겠어요." 등과 같이 쓸 수 있다.

인사의 완성은 태도와 센스

어른의 세계에서 인사는 곧잘 인품으로 이어진다. 생각해 보면 꼭 어른에게만 해당하는 건 아니다. 인사를 잘하지 않는 동네 꼬마나 학생이 '버릇없는 애'로 쉬이 낙인찍히고 부모를 욕먹게 만드는 일도 흔하다. 아무튼, 적절한 인사만 잘해도 좋은 인상을 심어주고 예의 바르고 착실한 이미지를 만든다. 물론, 이건 인사를 '잘'했을 때 얘기다. 인사를 나누거나 안부를 물을 때에도 신경 쓰고 주의해야 할 게 있다.

당연한 말이지만 인사는 우선 상황에 맞아야 한다. 상황에 맞지 않는 인사는 자칫 오해를 낳기 쉽다. 예의 바른 사람이 되기는커녕 어딘가 조금 이상한 사람이 될 수 있다. 앞서 살펴봤듯 오랜만에 만난 사람에게 어제 본 것처럼 인사하는 건 적절치 않다. 오가며 하루에도 몇 번씩 마주친다면 인사말도 조절이 필요하다. 뒤에 경조사 부분에서 자세히 다루겠지만, 장례식장에서 유가족에게 "안녕하세요?" 하고 인사하는 건 상황에 안 맞는 정도가 아니라 아예 잘못된 인사다.

공식적인 자리와 사적인 자리를 구분하는 것도 중요하다. 가까운 사이라도 다른 사람이 함께 있는 비즈니스 미팅에선 예의를 차리는 게 사회생활이다. 업무상 지인이라든가 그다지 가깝지 않은 사이에 너무 친근한 인사말을 건네는 것도 상황에 맞지 않는다. 나름대로는 친밀감이나 호감의 표현이라고 해도 상대방은 부담을 느낄 수 있다.

인사를 할 때에는 자신 있고 밝은 태도를 유지하는 게 좋다. 우물쭈물 쭈뼛거리는 태도로 하는 인사는 자신감이 없어 보이고 나아가 신뢰할 수 없는 인상을 준다. 억지로 하는 인사 같은 느낌도 든다. 수많은 인사를 나눌 때마다 진심을 담을 수는 없더라도 굳이 진심 어린 인사가 아니라는 티를 낼 필요는 없다. 인사는 말로 하는 것이지만 그게 전부는 아니다. 넓은 범주의 대화로 적절한 태도와 센스가 더해져야 완성되는 것이다. 대화하는 상대가 눈을 피하며 우물우물 말한다면 어떤 기분이 들까? 상대방의 눈을 똑바로 보고 분명한 목소리로 인사하자.

외모 지적은 안부가 아니다

안부를 묻는답시고 너무 개인적인 질문을 하거나 외모를 평가하는 건 경계해야 한다. 건강이나 사생활에 관련된 예민한 질문은 자칫 상대를 불쾌하게 만들 수 있다. "왜 그렇게 살이 쪘어?" "피부가 왜 이렇게 상했어?" "만나는 사람은 있고?" "결혼은 왜 안 했어?" "아이는 언제 가지려고?" "돈은 잘 벌어?" 같은 질문은 절대로 피해야 한다. 이런 건 안부 인사가 아니라 지적이나 추궁에 가깝다.

사실 외모에 대한 말은 칭찬이더라도 하지 않는 게 좋다. 아무리 좋은 의도로 한 말이라도 상대방에게는 평가받는 것 같은 느낌을 줄 수 있다. "안 보는 동안 더 예뻐지셨어요." "날씬해지셨어요." "결혼하시더니 얼굴이 더 좋아 보여요." 같은 말들이다. 특히 상대가 이성이라면 더 주의해야 한다. 아니, 외모에 대한 칭찬은 남녀를 따질 것 없이 아예 하지 말자. 주제넘거나 무례한 사람이 되기 십상인 게 요즘 분위기다.

2부

호감을 부르는 일상의 말 센스

— 관계를 유연하게 하는 대화의 기술

'대화의 달인'은 잘 듣고 공감한다

언젠가 모 정기간행물의 구성을 논의하기 위한 회의에서였다. 제작을 의뢰한 업체 측의 팀장이 처음 회의에 참여했는데, 회의가 진행되는 내내 말 한마디 없이 딴청이더니 급기야 고개를 파묻고는 메모지로 종이접기를 하기 시작했다. 의논이야 실무진과 하면 되니 일에 지장은 없었지만, 기분은 무척 상했다. 무시당한 것 같아 굉장히 불쾌했다. 그날 이후로 그 팀장은 무례하고 예의 없는 사람으로 내 기억에 각인됐다.

누군가와 대화를 나눌 때 가장 좋지 않은 태도를 꼽자면 딴짓을 하는 등 상대방의 말을 건성으로 듣는 것과 중간에 싹둑 말을 자르는 게 아마도 1, 2등을 차지하지 않을까? 여기에 상대에겐 말할 틈을 주지 않고 자기 말만 계속 늘어놓는 것도 만만치 않은 결례로 꼽힌다. 이런 사람과는 누구라도 다시는 대화를 나누고 싶지 않을 거다.

대화를 잘한다는 건 말을 적절하고 재미있게 잘한다는 의미도 있겠지만, 상대의 말을 잘 듣는다는 것도 포함된다. 존중하는 자세로 경청傾聽(귀를 기울여 들음)하고, 여기에 적절한 반응까지 더한다면 금상첨화다. 누군가 내 말을 귀 기울여 듣는다는 것에 기분 나쁠 사람은 없다. 상대방의 말과 감정, 상황을 충분히 이해하고 거기에 맞는 반응을 보이며 듣는 이른바 '공감적 경청'의 자세는 누구에게나 호감을 주기 마련이다. 서로 간에 공감대가 형성되고, 향후 더 깊은 대화로 이어지기 위한 조건이 되기도 한다.

물론 실제 공감을 위해선 여러 조건이 필요하다. 상대가 왜 이런 말을 하는 건지, 그 이유와 배경에 대한 지식이 있어야 한다. 평소 상대방에 관한 관심과 어느 정도의 친분이 필요하다는 말이다. 그렇다 보니 업무상 관계라든가 그다지 친분이 도타운 사이가 아니라면 '공감적 경청'이 쉽지만은 않다.

하지만 우리는 어른이다. 사회생활을 할 때는 아니어도 그런 척, 싫어도 괜찮은 척하는 일종의 '연기'가 필요한 법이다. 진심 어린 공감까지는 아니어도 애써 그런 태도를 유지하며 호감 가는 사람, 대화하고 싶은 사람이 될 수는 있다.

자꾸 대화하고 싶어지는 호응의 기술

관건은 적절한 반응, 즉 리액션reaction(상대방의 말이나 행동에 대해 반사적 작용으로 나오는 행동이나 말)이다. 리액션을 통해 말하는 사람은 듣는 사람 또한 적극적으로 대화에 참여하고 있다는 느낌을 받게 된다. 내 말을 집중해서 듣고, 공감해 준다는 건 무척 기분 좋은 일이다. 상대방은 더 신이 나서 이야기를 이어가게 되고, 듣는 나에 대한 호감 또한 높아진다.

주의할 것은 '적절함'이다. 너무 과한 리액션은 오히려 상대방의 말을 끊거나 자칫 놀리는 듯한 느낌을 줄 수도 있다. 안 한 것만 못 한 결과를 피하려면 저정선을 넘지 않아야 한다. 이 적정선을 지키는 게 사실 쉽지 않은데, 정해진 규칙 같은 건 없지만 스피치 전문가들은 경청(듣기)과 리액션(말하기)의 비율을 7:3 또는 8:2 정도로 조절하는 게 좋다고 조언한다.

적절한 리액션은 정해진 방법이나 예문이 있다기보다는 상황에 맞춰 알맞은 말을 건넬 수 있는 센스와, 평소 대화를 통해 만들어진 습관이 중요하다. 사실 리액션은 연습을 통해 만들어진다기보다는 타고난 재능, 혹은 자연스럽게 몸에 익은 버릇에 가깝다. 리액션이 너무 좋다는 평가를 받는 사람들은 그걸 일부러 하는 게 아니라 반사적으로 튀어나온다. 그래서 어색하지도, 가식적으로 보이지도 않는다.

하지만 그걸 타고 나지 못한 사람이라면 반복된 연습을 통해 몸에 익히는 수밖에 없다. 당연히 처음부터 잘할 순 없다. 리액션을 하는 사람도, 그걸 지켜보는 사람도 어딘가 어색하고 민망할 수도 있다. 우선 가까운 친구나 가족처럼 편한 사이의 대화에서 조금씩 시도해 보면서 나만의 리액션 기술을 만들어갈 것을 권한다.

단, 잊지 말아야 할 것이 있다. 리액션을 잘하기에 앞서 중요한 건 상대의 말을 귀 기울여 듣는 자세다. 공들여 잘 듣지 않으면 당연히 적절한 리액션도 나올 리가 없다. 대화에서 중요한 건 입보다 귀다. 대화가 잘 통하는 사람은 내 말을 잘 들어주는 사람이기도 하다.

다양한 리액션 방법

리액션은 말로 하기도 하지만 고개를 끄덕이거나 박수를 치는 것, 또는 표정을 바꾸는 것처럼 동작으로 할 수도 있다. 어느 한 가지만 고집할 필요 없이 적절히 두 가지 방법을 섞어가며 하는 게 좋다.

가장 쉬운 건 추임새와 맞장구다. 상대방의 말 중간중간에 "아~!" "진짜?" "너무 좋았겠다!" "말도 안 돼." 같은 적당한 감탄사를 넣어준다고 생각하면 쉽다. "아~"처럼 말꼬리를 살짝 늘어뜨리면 상대의 이야기를 더 듣고 싶다는 느낌을 준다. 대놓고 "그래서요?" "어떻게 됐는데요?"라고 말하는 것도 좋은 방법이다. 상대의 의견이 포함되는 대목에선 동조하는 의미의 맞장구가 제격이다. "당연하지!" "내말이~!" "진짜 이상한 사람이네?"와 같이 상대의 의견과 내 의견이 같다는 걸 분명히 하는 게 방법이다.

상대방의 말 일부를 따라 하거나 정리 또는 요약해서 다시 말하는 것도 효과적이다. 예를 들어 상대방이 "~해서 프랑스에 갔었거든요."라고 하면 "아, 프랑스요." "~했더니 ~해서 깜짝 놀랐잖아요."라고 하면 "~했다니 진짜 놀라셨겠어요."라고 말하는 식이다.

관계를 개선하는 긍정적 언어의 힘

대화를 나누다 보면 기분이 좋아지는 사람이 있는가 하면, 반대로 기분이 나빠지는 사람이 있다. 딱히 나를 욕한다거나 직접적인 나쁜 말을 하는 것도 아닌데, 이상하게 기분이 가라앉고 재미없고 우울해진다. 그런 사람과는 어울리기도, 대화를 나누기도 꺼려진다. 매사를 부정적으로 바라보고 뭐든 잘 안 될 거라고, 그건 아닐 거라고 말하는 사람이 그렇다. 말은 때로 자석의 양극과 같다. 사람을 내 편으로 끌어당기기도 하지만 살짝 뒤집으면 거꾸로 밀어내 버린다.

오래전 TV 개그 프로그램 중에 그런 코너가 있었다. 말끝마다 버릇처럼 '죽겠네'를 입에 달고 사는 노인이 있는데, 그가 이 말을 할 때마다 저승사자가 나타나는 거다. "힘들어 죽겠네!" 해도 나타나고 "심심해 죽겠네!" 해도 음산한 음악과 함께 새까만 도포에 갓을 쓴, 눈두덩이 어두운 저승사자가 나타나 노인을 데려가려고 한다. 그럴 때마다 노인은 자신이 한 말이 사실은 전혀 그렇지 않다는 걸 보여주려고 힘들지 않은 척, 심심하지 않은 척 갖은 애를 쓴다.

웃자고 만든 이야기지만 부정적인 말끝에 불운이 따라붙는다는 건 나름대로 의미심장한 풍자라고 할 만하다. 말 자체에는 눈에 보이는 실체가 없지만 내뱉는 순간 주변의 공기를 채우는 어떤 분위기나 무게감, 온도를 가진 실체를 얻는 경우가 종종 있다. 분위기에 영 어울리지 않거나 의도와는 다르게 누군가를 불쾌하게 하는 말로 좌중을 냉랭하게 만드는 경우를 생각하면 알 수 있다. 반대로 말 한마디가 어색했던 분위기를 풀어내고 화기애애한 분위기를 끌어낼 수도 있다.

개인적인 대화에서도 마찬가지다. 마주 대하고 이야기를 주고받는다는 건 기본적으로 매끄럽고 좋은 분위기를 만들고자 하는 의도를 담고 있다. 누군가와 싸워 담판을 짓거나 잘잘못을 따지려는 자리가 아니고서야 일부러 '기분이 나빠지는' 대화를 하려는 사람은 없다. 이왕이면 상대방이 듣기 좋은 말, 부정적이기보다는 긍정적인 말이 좋은 관계를 만들고 나아가 그것을 이어갈 수 있게 해주는 힘이 된다.

부정적 언어가 부정적 결과를 낳는다고?

같은 내용이라도 어떻게 말하느냐에 따라 긍정적 언어가 될 수 있고, 부정적 언어가 될 수 있다. 긍정적 언어는 격려와 칭찬, 존중 등 상대방을 배려하는 의미를 담고 있고 대체로 희망적이다. 반대로 부정적 언어에는 비난과 비하, 책망과 무시 같은 안 좋은 기운이 잔뜩 도사린다. 매사에 절망적이다. 대화하는 상대방이 기분 좋을 리 없고, 그런 식의 화법이 좋은 결과로 이어질 리도 없다.

상대의 잘못을 지적하고 개선을 요구할 때, "이렇게밖에 못 해? 이런 방법은 생각 안 해봤어?" 하는 것과 "이것도 나쁘진 않지만, 이렇게 한번 해보는 건 어떨까?" 하고 말하는 건 전혀 다르다. 긍정적 언어는 상대에게 희망을 주고 관계를 개선하는 데 도움이 되지만 부정적 언어는 상처를 주고 갈등을 일으키기 일쑤다. 누군가 힘든 일을 겪고 있다고 털어놓았을 때 "다 잘될 거야. 기운 내!"라고 말해 주는 것과 "너만 힘든 줄 알아? 다들 그러고 살아."라고 말하는 사람이 있다면 누구와 대화를 나누고 싶을까?

삶에 도움이 되는 긍정적 언어와 긍정적 사고

당연한 말이지만 긍정적 언어는 긍정적 사고에서 나온다. 단순히 화법을 고쳐서 될 게 아니라, 사고방식 자체를 바꿔야 한다는 면에서 쉽지만은 않은 일이다.

2024년 온라인상에서 화제가 된 유행어 중에 '럭키비키'가 있다. 걸그룹 아이브(IVE)의 멤버인 장원영의 남다른 긍정적 사고방식을 의미해 '원영적 사고'라고도 불린다. 행운을 뜻하는 러키Lucky와 장원영의 영어 이름 비키Vicky를 연달아 쓴 일종의 언어유희인데, 굳이 직역하자면 '운 좋은 원영'이라고 할 수 있다. 럭키비키는 안 좋은 일이 일어나도 결국엔 좋은 결과로 이어질 거라는 긍정적 믿음을 담고 있다. 주로 "완전 럭키비키잖아!"와 같이 쓰이는데 예를 들면 이렇다. "갑자기 비가 와서 추웠지만, 운치 있는 빗소리를 들을 수 있으니까 완전 럭키비키잖아!" "내 앞에서 사려던 빵이 다 떨어졌는데, 그 덕에 갓 나온 빵을 살 수 있으니까 완전 럭키비키잖아!" 하는 식이다. 이 '원영적 사고'는 소셜 미디어에서 큰 인기를 끈 건 물론이고 긍정적 사고, 긍정적 언어의 중요성을 전하는 각종 강연에서도 심심찮게 인용되고 있다.

럭키비키에 대한 폭발적인 반응은 긍정적 언어, 긍정적 사고의 효용과 필요성을 입증하는 한 증거다. 누구나 부정적 언어보다는 긍정적 언어가 삶에 도움이 된다는 걸 알고 있다. "그렇게 해서 되겠어?"보다는 "정말 잘하고 있어."라고, "어차피 안 될 거야."보다는 "노력하면 잘될 거야!"라고 말해보자. 관계는 개선되고 기분까지 나아질 것이다.

긍정적인 언어, 긍정적인 사고는 건강에도 도움을 준다. 미국 미네소타주의 메이요클리닉 앨릭스의과대학 연구진은 30년간 447명을 추적 조사해 비관적인 사람이 낙관적인 사람보다 일찍 죽을 확률이 50% 더 높다는 연구 결과를 내놓기도 했다. 긍정적인 사람은 뇌에서 이성을 관장하는 전전두피질과 정서 조절을 담당하는 부위가 활성화돼 부정적인 감정을 쉽게 극복한다는 것 또한 의학계의 정설이다. 정신 건강에 도움을 주는 세로토닌과 같은 호르몬도 긍정적인 사고를 할 때 분출된다. 잔소리를 해주고 싶은 사람에게 얼굴을 붉히는 대신 밝게 웃으며 "이것만 고치면 다음번엔 더 잘할 것 같은데?"라고 해보자. 하고 싶은 말은 따로 있지만 건강에 도움이 된다니까 완전 럭키비키잖아?

없던 호감도 만드는 질문의 기술

대화에 있어 질문이 갖는 중요성은 아무리 강조해도 지나치지 않다. 대화의 시작도, 대화를 물 흐르듯 이어가는 것도 따지고 보면 질문의 역할이다. '어떤 이야기를 나눌 것인가?'는 '어떤 질문을 할 것인가?'로 바꿔 말해도 다르지 않다. 일방적인 강연이라면 다르겠지만, 대화를 잘한다는 건 결국 질문을 잘한다는 것이라고도 할 수 있다. '좋은 질문'이 '좋은 답변'을 끌어내고 이 둘의 유연한 반복이 '좋은 대화'를 만든다. 실력 있는 인터뷰어interviewer는 예외 없이 질문을 잘하는 사람이다.

질문은 굳게 다문 상대방의 입을 여는 열쇠이자 어색한 자리에서 대화의 물꼬를 트는 해결책이 된다. 오래전 참여한 소설 작법 강좌에서 선생님은 종종 흥미로운 질문을 던져 서먹한 사이의 수강생들에게서 열띤 대화를 끌어내곤 했다. 아마도 오랜 강의 경험을 통해 갖게 된 그만의 노하우였을 텐데 누구나 대답할 수 있으면서도 흥미로운, 참 좋은 질문들이었다는 생각이 든다. "당신의 첫 기억, 가장 오래된 기억은 무엇인가요?" "아무것도 하지 않아도 되는 1년이 주어진다면 뭘 하고 싶어요?" 같은 질문이 기억에 남는다.

　나는 20년간 언론사에서 기자로 일했다. 지금은 남들보다 조금 일찍 직장생활을 그만두고 프리랜서로 일하고 있는데, 다른 일과 함께 여전히 취재하고 기사 쓰는 일을 병행하고 있다. 기자에게는 기사 쓰는 일도 중요하지만 더 중요한 건 역시 취재다. 취재를 잘하려면, 원하는 대답을 얻고 어떤 정보나 사실 관계를 제대로 파악하려면 질문을 잘하는 게 관건이다. 상대방도 명확하고 제대로 된 질문을 받아야 거기에 부합하는 분명한 대답을 할 수 있다. 그런 면에서 기자는 '질문하는 게 직업'이라고 해도 과언이 아니다. 실제로 처음에는 기사를 쓰는 것보다 질문을 만드는 일이 더 어려웠다.

　물론 일상생활에서 기자처럼 질문할 필요는 없다. 오히려 너무 꼬치꼬치 파고들면 상대방이 부담스러워한다. 다만 질문을 잘하려면 기자처럼은 아니어도 조금은 공들여 준비하는 과정과 약간의 기술이 필요하다. 말주변이 조금 부족해도 질문만 잘하면 대화를 부드럽게 이끌어갈 수 있다.

좋은 질문이 좋은 대화를 만든다

질문을 잘하기 위한 첫 번째 조건은 관심이다. '관심'의 사전적 의미는 '어떤 것에 마음이 끌려 주의를 기울임. 또는 그런 마음이나 주의'다. 쉽게 말해 '끌리는 마음'인데, 이 관심이 있어야 궁금한 것도 생기고 이런 마음이 질문으로 이어진다.

누군가를 아주 오랜만에 만나면 할 이야기가 무척 많을 것 같지만 실은 그렇지가 않다. 그간 어떻게 지냈는지, 근황은 어떤지 몇 가지 묻고 나면 질문거리가 궁색해진다. 오히려 자주 만나는 사이에 나눌 이야기가 더 많다. 잘 아는 것, 그런 친밀함이 관심으로 이어지기 때문이다. 가까운 사람일수록 무슨 생각을 하는지, 주말엔 뭘 했는지, 내 의견을 어떻게 생각할지 궁금해진다. 내 주변에 밤새워 수다 떨 수 있는 사람이 누구인지를 생각해 보면 답이 나온다.

그러니 질문이 곧 상대방에 대한 관심이라고 해도 틀린 말이 아니다. 적절한 질문을 잘하는 사람에게 호감이 가는 건 이런 이유다. 생각해 보자. 눈을 반짝이고 귀를 기울이며 나를 궁금해하는 사람이 있다. 이런 상대를 미워할 수 있을까?

문제는 우리가 일상생활에서 대화를 나누는 상대가 모두 내가 관심 있는 사람은 아니라는 점이다. 우연히 만나 대화하는 경우도 있고, 업무상 어쩔 수 없이 대화해야 하는 일도 생긴다. 전혀 모르는 낯선 사람과 한동안 이야기해야 할 수도 있다.

　　대화의 주제도 마찬가지다. 잘 모르는 분야, 전혀 관심 없던 주제, 처음 듣는 이야기로 대화를 이어나가야 하는 곤란한 상황도 생긴다. 조금 슬픈 일이지만 어른이 된다는 건 여러 면에서 내가 하고 싶은, 또는 좋아하는 것만 할 수는 없는 상황에 놓이게 된다는 것이기도 하다. 혹자는 피할 수 없다면 즐기라고 하는데, 솔직히 즐기기는 어렵고 아무튼 맞닥뜨린 상황을 잘 헤쳐 나가야 하니 어른의 세계란 참 쉽지 않다. 자, 이제 내가 그런 상황에 놓였다고 생각해 보자. 관심이 없으니 사실 궁금한 것도 없고, 그러니 질문거리도 영 떠오르질 않는데 어떻게 해야 할까?

가끔은 '그런 척'도 필요한 법

어른의 대화에선 때로 '그런 척'이 필요하다. 모든 인사말이 실제로 반가워서 건네는 것이 아니듯, 이야기를 나누다 "재미없어. 나 갈래." 하고 돌아설 수 있는 어린애가 아니고선 무슨 수를 쓰든 대화를 이어가야 할 상황에 놓이는 게 어른의 삶이다.

대화에 관심이 없어도 있는 척, 상대방에게 호감이 가지 않아도 가는 척하는 기술이 필요하다. 너무 삭막하게, 혹은 가식적으로 들릴 수도 있겠지만, 이런 기술은 사실 친한 사이의 대화에서도 필요하다. 어떤 상황에서의 대화든 질문을 하거나 대화를 이어나가기가 어렵다면 '그런 척'이 필요한 건 아닌지 생각해 볼 만하다. 만약 소개팅이나 '썸 타는' 사이에서의 대화라면 이 기술이 더욱 빛을 발할 것은 두말하면 잔소리다.

상대방이 답변을 잘할 수 있도록 배려하는 질문, 관심을 갖고 공감하고 있다는 느낌을 주는 질문, 대화를 풍성하게 만들고 관계를 깊어지게 하는 질문을 할 수 있다면 완벽하다. '질문의 달인'이라고 해도 좋다.

열린 질문과 추가 질문으로 '프로 질문러'처럼

질문을 잘하기 위해 먼저 고려해야 할 건 '열린 질문'이다. 상대 방이 "예/아니요."와 같이 단답형으로 답할 수 있는 질문은 좋지 않 다. 구체적인 답변을 끌어낼 수 있도록 질문도 구체적이어야 한다. 질문 자체가 두루뭉술하면 대답 역시 그렇게 된다. 아래와 같이 단 답형 질문을 열린 질문으로 바꾸면 상대방이 좀 더 구체적인 대답 거리를 찾게 된다.

- 잘 지내셨어요?

  → 그동안 어떻게 지내셨어요? 여름에 많이 더웠는데, 휴가 는 다녀오셨고요?

- 음악 좋아하세요?

  → 어떤 음악을 좋아하세요? 좋아하는 뮤지션은요?

- 오늘 하루 어땠어요?

  → 오늘 하루는 어떻게 보냈는지 궁금해요.

다음은 경청이다. 잘 들어야 질문할 거리를 찾을 수 있다. 상대방에게 관심을 갖고 있다는 인상도 준다. 중간중간 적절한 호응을 섞는 건 필수다. 그렇게 잘 듣다가 상대의 답변에 대한 추가 질문을 해보자. 간혹 다음 질문거리를 생각하느라 상대의 대답을 소홀하게 듣는 경우가 있는데, 피해야 할 태도다. 적절하게 호응하기도 어렵고 자칫 대화의 맥락을 놓칠 우려도 있다. 내 말을 귀 기울여 듣고 있지 않다는 인상을 줄 수도 있다. 잘 듣고 있는지 아닌지는 의외로 쉽게 눈에 띈다. 미리 다른 질문을 준비하려고 애쓰기보다는 상대방의 말을 잘 듣고 있다가 추가 질문거리를 찾는 게 훨씬 효율적이다. 게다가 생각보다 쉽다. 익숙해지면 꼬리에 꼬리를 물고 질문을 이어갈 수 있다.

여름휴가에 대해 들었다면 "저도 가보고 싶어요. 추천해 주실 명소나 맛집이 있을까요?", 운동 등 취미에 관한 대화였다면 "재미있겠는데요? 초보자가 해보려면 뭘 준비해야 하나요?", 상대방의 업무와 관련된 대화라면 "저는 생소한 분야라서요. 좀 더 자세히 설명해 주실 수 있나요?"와 같은 추가 질문으로 대화를 이어갈 수 있다.

'가정'하고 '비교'하는 질문의 기술

다른 상황을 가정해 보는 '가정 질문'도 풍성한 대화를 만드는 데 효과적이다. 이를테면 '만약에 ~라면'이라는 조건을 달아 질문하는 식인데 상대방의 관심사나 성향, 생각을 더 깊이 이해하기에도 좋은 방법이다.

- 만약에 다른 취미를 갖는다면 어떤 걸 해보고 싶으세요?
- 한 달쯤 여행할 수 있다면 어딜 가보고 싶으세요?
- 이 직업을 택하지 않았다면 어떤 일을 하셨을 것 같아요?

위와 같이 질문하면 뒤이어 그런 생각을 하게 된 이유에 관한 질문을 이어갈 수 있고, 내 경우는 이렇다는 이야기도 꺼낼 수 있어 제법 깊이 있고 긴 대화를 나누기에 좋다.

서로 다른 두 가지를 비교하는 질문도 마찬가지로 유용하다. 짜장면이 좋냐, 짬뽕이 좋냐와 같은 비교 질문을 통해 상대의 성향을 더욱 잘 이해할 수 있다. 역시 왜 그런지 이유를 물어볼 수 있으니 대화를 이어가기도 좋다. 비교할 건 천지다. 여름과 겨울, 산과 바다, 도시와 시골, 록과 발라드, 한식과 양식, 버스와 지하철, 혼자 놀기와 여럿이 어울리기 등등 곰곰이 생각해 보면 다양한 비교 대상을 떠올릴 수 있다.

- 주말에 집에서 쉬는 편이세요? 아니면 외출하는 편이세요?
- 액션 영화 좋아하세요? 로맨틱 코미디는요?
- 해외여행을 간다면 휴양지와 도시 중에 어딜 더 좋아하세요?

비교 질문에 대한 상대방의 답변이 내 취향과 겹친다면 '뜻밖에 나와 잘 맞는 사람'이란 공감대를 형성할 수도 있다. 사람이란 본능적으로 나와 다르고 낯선 것을 경계하고 공통점을 찾아 공연스레 안심하는 존재다. 설령 비교 질문의 답변이 하나같이 나와 다르더라도 괜찮다. 그건 또 그것 나름대로 재미있다. "저랑 완전 반대인데요?" "우린 참 다르네요!" 하면서 웃어넘기면 될 일이다. "원래 정반대인 사람끼리 잘 맞는대요." 하면서 너스레를 떨어보는 것도 나쁘지 않다.

'사적인' 과거는 금물

조금 조심스럽긴 하지만, 과거 경험에 관한 질문도 친밀감을 높이기에 좋은 방법 중 하나다. 물론 이런 질문을 해도 될 상황과 사이인지를 파악하는 건 개인의 몫이다. 당연한 말이지만 처음 본 사람, 잘 모르는 사람에게 다짜고짜 사적인 질문을 던지는 건 실례다. 어느 정도 아는 사이더라도 너무 사적인 질문은 피하는 게 좋다. 키가 몇인지, 사귀는 사람이 있는지, 대학은 어딜 나왔는지, 부모님은 뭘 하시는지, 모아둔 돈은 좀 있는지 같은 질문은 자칫 상대방을 기분 나쁘게 만드는 무례한 행동이 될 수 있다. 정치나 종교, 자녀 교육과 같은 민감한 사안에 관한 질문도 가급적 피하는 게 현명하다.

가볍게 다룰 수 있는 과거에 관한 질문으로는 "어렸을 땐 어떤 아이였어요?" "어렸을 때 꿈은 뭐였어요?" "학교 다닐 때 좋아했던 과목은 뭐예요?" "가장 기억에 남는 여행은 무엇이었나요?" "가장 큰 도전이 있었다면 무엇인가요?" 등이 무난하다.

감사 표현은 사회생활의 기본기다

너무 지나치면 오히려 모자란 것 같지만, 감사 인사만큼은 예외다. 사회생활에서라면 아예 입버릇처럼 달고 사는 게 여러모로 좋다.

일상생활에서도 마찬가지다. 감사 표현에 인색한 사람이 평판이 좋거나 관계가 매끄러운 경우는 드물다. 고마운 걸 잘 아는 사람이 베풀 줄도 안다. 어른의 인사말에서는 '기본기'라고도 할 수 있다.

"호의가 계속되면은, 그게 권리인 줄 알아요." 2010년 개봉한 류승완 감독의 영화 「부당거래」에 나온 명대사다. 영화 속에선 상대방에게 너무 맞춰주지 말라는 의미로 쓰였지만, 인색한 감사 표현에 대한 경계의 의미로 써도 썩 잘 어울린다.

호의好意, 즉 누군가의 친절한 마음씨 또는 좋게 생각해 주는 마음에는 적절하고 정중한 감사 표현을 하는 게 맞다. 크고 작은 배려, 일상 속 작은 친절에도 마찬가지다. 그런 걸 베푸는 게 의무가 아니듯, 받는 것 또한 당연한 권리가 아니다.

감사 인사는 아낌없이

한국인은 감사 표현에 비교적 인색하다. 가부장적인 사회 구조와 특히 남성의 경우 가급적 감정을 드러내지 않는 게 미덕인 양 가르쳐온 분위기 등 여러 이유로 그렇게 됐다.

그렇다고는 해도 '그렇게 자라서' '어색해서' '안 해봐서' 감사할 줄 모른다는 건 변명이 될 수 없다. 몰랐으면 배우면 되고, 안 해봤으면 지금이라도 해보고 연습하면 될 일이다. 감사 표현을 하지 않아도 될 자격 같은 건 세상 어디에도 없다. '무례한'이란 수식은 나이나 지위고하를 따지지 않고 붙는다. 나이 어린 사람에게도, 까마득한 아랫사람에게도 감사할 건 감사하는 게 기본 예의다.

미국에서 지내보면 가장 많이 듣게 되는 말 가운데 하나가 바로 '생큐(Thank you)'다. 아주 작은 호의에도 감사 인사를 건넨다. 심지어 거절할 때도 '노(NO)' 뒤에 생큐를 붙인다. 어색한 우리 입장에선 남발에 가깝다. 일본인들은 한술 더 뜬다. 평상시에도 그렇지만, 업무상 연락이라도 주고받으려면 이메일이며 문자 메시지로 수차례 감사 인사가 오간다. 연락해 줘서 고맙고, 답변해 줘서 고맙고, 빨리

해 줘서 고맙고, 와줘서 고맙고, 이건 뭐 감사의 늪인데 그게 그들의 예의고 비즈니스 매너다.

일상생활에서 감사 표현이 필요한 경우는 넘쳐난다. 선물이나 도움을 받았을 때는 물론이고 칭찬이나 축하, 격려, 위로의 말을 들었을 때도 고맙다. 앞선 사람이 닫히는 문을 잡아 준다거나, 엘리베이터에 먼저 탄 사람이 내가 타기 전에 문이 닫히지 않도록 열림 버튼을 눌러 기다려준 경우, 편히 지나갈 수 있게 살짝 비켜준다거나 하는 사소한 배려와 친절도 고마운 일이다.

주문한 음식을 잘 내와 상 위에 놓아주는 것도, 친절하게 상품을 소개해 주는 것도, 질문에 잘 응대해 주는 것도 고맙다. 내가 손님인데, 내 돈 주고 내가 샀는데 어쩌고 하는 미개한 소리는 하지 말자. 설령 그게 당연할지라도 누군가의 정성과 수고에 감사를 표하는 게 진화한 인류가 오늘날의 사회를 살아가는 방식이자 예의다. 돈 드는 것도 아닌데, 이왕 할 거면 아낌없이 팍팍 감사해 보자.

더 주고 싶어지는 진심 어린 감사 인사말

감사 인사의 대표적인 표현은 "고맙습니다."와 "감사합니다." 다. 간혹 '감사합니다'가 '고맙습니다'보다 더 격식 있고 정중한 표현 이라고 여기는 경우가 있는데 그렇지는 않다. 감사感謝는 '고마움을 나타내는 인사' '고맙게 여김. 또는 그런 마음'을 뜻하는 한자어다. '고맙다'는 고유어와 의미상 차이도 위계도 따로 없다. 국립국어원 도 어느 표현이 더 격식을 갖춘 말이라고는 볼 수 없다고 해석한다. 의미에 차이가 없다면 이왕이면 우리말을 살려 쓰는 게 바람직하다.

감사 인사는 상대방에 대한 존중과 예의를 드러내는 좋은 방법 이기도 하다. 호의를 베풀었는데 상대방이 아무런 반응도 없다면 누구든 불쾌하기 마련이다. 꼭 고맙다는 말을 듣자고 한 일이 아니 어도 사람 마음이란 게 그렇다. 대화에서 상대방의 리액션이 좋으 면 기분이 좋아지듯이 감사할 줄 아는 사람에게는 호감이 가기 마 련이다. 더 해주고 싶어진다. 그 반대의 경우라면? 좋지 않은 평판 과 함께 다시는 도와주거나 선물하기가 싫어질 게 당연하다.

짧게 "고맙습니다."라고만 하는 게 영 부족하다고 느껴진다면,

앞뒤로 살을 붙여 좀 더 정중한 인사말을 만들 수 있다. 정해진 방법이 있는 건 아니지만, 상대방의 구체적 행위와 거기에 따른 나의 구체적 반응 내지는 후기를 더하면 제법 예의를 갖춘 감사 인사말이 된다. 상황에 따라 말로 해도 좋고, 문자 메시지로 전해도 좋다. 몇 가지 예문을 소개한다.

- 도움 주셔서(배려해 주셔서) 정말 고맙습니다. 덕분에 잘 끝마칠 수(해결할 수) 있었습니다.
- 보내주신 과일 선물 잘 받았습니다. 덕분에 온 가족이 너무 맛있게 먹었어요. 고맙습니다.
- 시간 내주셔서 고맙습니다. 덕분에 큰 도움이 됐습니다.
- 생각지도 못한 뜻깊은 선물에 감동했습니다. 고맙습니다. 잘 사용하겠습니다.
- 오늘 함께해 주셔서 너무 감사해요. 덕분에 유익한 시간이었습니다.
- 베풀어주신 호의에 감사드립니다. 호의에 힘입어 더 열심히 하겠습니다.

감사할 거리를 찾아보자

앞서 밝혔지만 감사 표현은 하면 할수록 좋다. 물론 전혀 고마워할 일이 아닌 것에 감사를 표현하는 건 외려 비꼬는 모양새가 될 수 있지만, 웬만한 호의나 배려에는 무조건, 거듭 감사 인사를 하길 여러모로 권한다.

감사할 만한 거리가 없다고 생각할 수 있지만 잘 생각해 보면 그렇지 않다. 일상 속 사소한 관계 속에서도 얼마든지 찾을 수 있는 게 감사할 거리다. 당연하게 여겼던 누군가의 역할, 이를테면 식사 준비나 청소 같은 집안일을 도맡는 배우자, 가족을 위해 직장에서 열심히 일하시는 부모님, 하물며 매번 시간을 내 나와 만나주는 친구도 고맙다. 동네를 어슬렁거리는 고양이도 귀여워서 고맙고, 계절마다 예쁜 꽃을 볼 수 있게 해주는 집 앞 화단도 고맙다. 따지고 보면 고마운 것 천지다.

일부러라도 감사할 거리를 찾아 자꾸 표현하다 보면 좋은 인상을 주고 관계가 나아지는 건 물론이고 자신의 정신 건강에도 도움이 된다.

몇 해 전 모 방송사에서 감사 표현이 미치는 영향을 알아보는 프로젝트를 진행했다. 초등학교 5학년 학생 16명을 대상으로 3개월간 일상생활에서 감사할 거리를 찾고 그걸 표현하게 했다. 더불어 부모를 비롯한 다른 사람에게 매일 오늘은 무엇이 감사했는지를 질문하고 대답을 듣는 숙제도 병행했다. 아이들은 날이 갈수록 다양한 고마운 일을 찾아냈다. 엄마가 밥을 해줘서 고맙고, 혼이 나도 내가 잘되라고 혼낸 거라 고맙고, 나를 가르쳐주는 선생님도 고맙고, 나랑 놀아주는 친구도 고마웠다. 나 자신을 돌아보며 긍정적인 사고를 하게 됐고, 소소한 일상을 가치 있게 여기는 아이로 변해갔다. 다른 이들의 감사 표현에 귀를 기울이고 공감하며 경청하는 자세도 갖게 됐다.

의료기관에서 3개월간 아이들의 뇌 파동 변화를 관찰한 결과는 더 놀라웠다. 부정적 심리인 뇌의 피로도와 의심 등의 항목은 크게 낮아졌고 긍정적 심리인 자기 조절, 심신 균형 등의 항목은 부쩍 높아진 수치를 보였다. 어른들도 할 수 있다. 진심 어린 감사 표현으로 긍정적이고 호감 가는 사람이 되는 건 물론이고 덤으로 건강까지 얻어보자.

마음을 되돌리는 사과의 언어

그런 일을 만들지 않는 게 가장 좋겠지만, 누구나 실수를 하고 사과할 일이 생긴다. 실수가 아니어도 의도치 않게 상대방을 기분 나쁘게 만들거나 마음에 상처를 줄 수도 있다. 나름은 잘해 보려고 한 일이 영 잘못된 결과를 낳아 누군가에게 피해를 주기도 한다. 어떤 이유로든 누군가에게 잘못을 저질렀다면 사과가 필요하다. 그 사람과의 관계를 끝낼 생각이 아니라면, 진심을 담아 정중하게 사과할 줄 아는 게 어른이다.

꼬맹이 시절엔 부모님이나 선생님이 중재자 역할을 했다. 서로 다툰 둘을 마주 서게 하고는 악수하고 사과하게 했다. 여전히 분이 풀리지 않아 씩씩거리던 꼬마들은 멋쩍은 사과를 주고받은 뒤 다시 친구가 되곤 했다. 그렇게 누군가 도와준다면 참 좋겠지만, 안타깝게도 어른의 세계에는 그런 중재자가 없다. 잘못한 스스로가 책임을 지고 알아서 사과해야 한다.

당연한 말이지만 사과에는 진심이 담겨야 한다. 잠깐 상황을 모면할 생각으로, 내키지 않지만 어쩔 수 없이 하는 사과는 상대의 마음에 가닿지 않는다. 사과의 쓸모는 그 사과를 받는 사람이 결정한다. 받는 사람이 진심 어린 사과가 아니라고 느끼면 용서도 관계 개선도 없다. 이왕 사과하기로 마음먹었다면 가능한 한 진심이 담기도록 노력해야 한다. 가짜 사과는 상대방을 더 기분 나쁘게 만들고, 안 했을 때보다 오히려 상황을 더 나쁘게 만들 수 있다.

사실 사회생활을 하다 보면 내 잘못이 아니어도 사과할 일이 생기기도 한다. 윗사람이나 아랫사람, 또는 동료나 누군가를 대신해 사과해야 할 경우도 있다. 누군가는 책임을 져야 하는데, 억울하지만 그 책임을 떠맡아야 할 상황도 생긴다.

때로 사과는 안타까운 마음이나 위로를 전하는 용도로도 쓰인다. "그때 곁에 있어 주지 못해 미안해." "제가 도움이 돼 드리지 못해 죄송합니다."처럼 딱한 마음을 사과로 표현할 수도 있다. 그렇게 사과는 어른으로서 책임질 줄 아는 성숙한 태도가, 진심을 전하는 따뜻한 언어가 되기도 한다.

이왕 할 사과라면 '쿨하게' 인정하기

'사과謝過'의 사전적 의미는 '자기의 잘못을 인정하고 용서를 빎'이다. 뜻풀이에서도 알 수 있듯이 사과를 하려면 자기의 잘못을 인정하는 게 먼저다. "내가 잘못한 건 아닌 것 같지만 일단은 미안해." 같은 사과는 없다. 그건 사과가 아니다. 잘못한 게 없으면 사과 자체가 성립되질 않는다. 사과할 마음을 먹었다면 잘못을 인정하는 건 따져볼 일이 아니라 필수 조건이다.

잘못을 인정한 다음에는 그로 인해 상대방이 받았을 상처나 손해를 이해하는 게 중요하다. "내가 잘못했어. 나 때문에 상처받았지?" "네가 왜 화가 났는지 이해해. 나라도 그랬을 거야. 정말 미안해." "죄송합니다. 저 때문에 상심이 크셨을 겁니다." 하고 사과해보자. 단순히 "미안합니다." "죄송합니다."라고만 하는 것보다 진정성이 느껴진다. 내가 무슨 잘못을 했고, 그로 인해 상대방에게 어떤 피해를 줬는지를 잘 알고 있다는 면에서 상대방의 화를 좀 더 누그러뜨리기에도 유리하다.

칼자루는 사과받는 사람이 쥐고 있다

사과를 할 때는 변명을 하거나 핑계를 대지 않는 게 좋다. 설령 조금은 억울한 구석이 있다고 해도 그걸 밝히고 털어놓는 건 훗날로 미루자. 변명이나 핑계는 내 잘못에 대한 책임을 온전히 받아들이고 진심 어린 용서를 구한다는 느낌을 전하는 데 걸림돌만 될 뿐이다.

- 하지만 (×)
- 그렇지만 (×)
- 그럴 의도는 아니었는데 (×)
- 본의 아니게 (×)
- 전부 내 책임은 아니지만 (×)

위와 같은 말은 진정성 있는 사과에 어울리지 않는다. "상처가 됐다면" "기분 나빴다면"과 같은 표현도 좋지 않다. 상대의 감정을 충분히 인정하지 않고, 억지로 사과하는 것 같은 느낌을 준다.

같은 실수를 반복하지 않겠다는 약속을 하는 것도 효과적이다.

- 앞으로는 이런 일 없을 거야.
- 다음엔 그러지 않도록 주의할게.
- 다시는 실수하지 않도록 최선을 다하겠습니다.

위와 같은 재발 방지 약속은 사과에 진정성을 더한다.

다시 강조하지만, 사과는 받는 사람의 처분에 따라 쓸모가 정해진다. 받아들이고 용서해야 의미를 갖게 된다. 상대방이 받아들이지 않은 사과는 무의미한 말이 되고 만다. 그러니 사과를 한 다음에는 상대방의 의견을 듣고 원하는 바를 파악하는 게 중요하다. "정말 죄송합니다. 다시는 그런 일이 없도록 주의하겠습니다. 앞으로 제가 어떻게 하면 좋을까요?" 하는 식으로 상대의 생각을 물어보는 것도 좋은 사과의 한 방법이다.

사과는 타이밍도 중요하다

상황에 따라선 상대방이 사과를 받아들이기까지 시간이 필요할 수도 있다. 그럴 때는 서두르지 말고 어느 정도 기다리는 시간을 갖는 게 좋다. "제가 정말 잘못했습니다. 진심으로 사과드립니다. 나중에라도 제가 어떻게 하면 좋을지 말씀해 주시면 감사하겠습니다."와 같이 한껏 몸을 낮추고 처분을 기다린다는 자세가 상대의 마음을 움직일 수도 있다.

마음을 달래는 일에는 타이밍도 중요하다. 대부분 잘못을 알아챈 즉시 사과하는 게 원칙이지만 상대방의 감정이 최고조로 격앙된 상태라면 오히려 역효과를 부를 수도 있다. 감정이 어느 정도는 가라앉은 뒤에 사과하되, 그렇다고 너무 늦어지지는 않도록 주의한다. 이런 경우엔 몇 시간 혹은 며칠 내에 하는 식으로 사과의 적기가 정해져 있다면 참 좋겠지만 당연히 그런 건 없다. 분을 삭일 시간이 필요하다고 해도 '가급적 빠르게' 사과해야 하는 건 변함없다. 하루나 이틀 정도 짧은 기간을 넘기지 않는 게 바람직하다.

거절을 못해서 휘둘리는 당신에게

살다 보면 거절해야 할 때가 있다. 아니, 생각보다 자주 겪는다. 상대방의 요구나 부탁, 제안은 물론이고 선물이나 호의도 물리쳐야 할 순간을 마주하게 된다. 거절을 잘 못해서 손해를 보거나 낭패를 겪는 경우도 의외로 많다. 상대방의 마음을 덜 상하게 하면서, 또는 관계는 유지하면서도 효과적으로 거절할 수 있는 방법이 없을까?

거절은 어렵다. 아예 모르는 사이라면 안 된다고 딱 잘라 말할 수 있겠지만, 아는 사이고 친분이 두터울수록 어려워지는 게 거절이다. 살면서 받게 되는 부탁이나 요구는 다양하다. 가볍게는 같이 놀자는 요구부터 돈을 빌려달라는 부탁까지, 수락과 거절을 고민할 수많은 상황에 놓인다. 친한 친구나 동료가 불러내도 나가기 싫은 날이 있는 법이다. 그냥 싫거나 귀찮다고 말하자니 친구가 기분이 상할 것 같고, 적당한 핑곗거리를 찾는 것도 일이다.

업무상 관계라면 더 곤란하다. 관계가 틀어져선 안 되는 사이에서 부탁을 거절하기란 여간해서 쉽지 않다. 그저 썩 내키지 않지만, 또는 좀 귀찮지만 해줄 수는 있는 정도라면 꾹 참고 들어줄 수도 있다. 언젠가 나 역시 부탁을 할 수도 있는 상대라면 흔쾌히 받아들일 수도 있는 일이다. 문제는 '그럼에도, 불구하고' 또는 '정말로 어쩔 수 없이' 거절해야 할 때다.

거절해야 할 이유가 분명하다면 솔직하고 단호한 태도가 답이 될 수 있다. 너무 뻔한 말 같지만 때로는 에둘러 가기보다 직진하는 게 훨씬 효과적이다. 물론 상대방이 마음 상할까 우려될 수 있다. 하지만 확실한 명분이라면 상대도 납득하기 마련이고 스스로도 떳떳하다. "오늘은 다른 약속이 있어서" "컨디션이 좋지 않아서" "말씀드리긴 어렵지만 개인적인 사정이 있어서" "저 역시 여유가 없어서" "밀린 업무가 많아서" "제 능력으로 할 수 없는 일이라서" 등의 이유를 솔직하게 말하고 단호하게 거절하자.

거절을 할 때는 두루뭉술한 태도로 여지를 남기기보다는 분명하게 의사를 밝히는 게 좋다. 미루지 않고 최대한 빨리 거절하는 것도 중요하다. 어차피 거절할 건데, 어떻게 말해야 하나 고민하느라 차일피일 미뤘다간 상대방에게 더 큰 실망만 안겨 준다.

거절

배려하고 존중하는 거절의 기술

솔직하고 단호하게 거절하기가 어려운 경우도 분명히 있다. 그럴 때는 적당히 적절한 사유를 붙여 정중하게 거절해야 한다. 가능한 한 상대방의 기분이 상하지 않게 배려하면서 거절하기 위해선 약간의 기술이 필요하다. 푹신푹신한 쿠션처럼 일종의 완충제 역할을 하는 '쿠션 화법'을 비롯해 긍정적 표현과 공감, 대안의 제시 등이 효과적인 거절을 위한 한 방안으로 꼽힌다. 그냥 안 된다고 하기보다는 "모처럼 말씀해 주셨는데" "정말 죄송하지만" "진심으로 도와드리고 싶은 마음이지만" 같은 말을 붙이면 같은 거절이라도 조금은 상대를 배려하고 존중한다는 느낌을 줄 수 있다.

가급적 긍정적인 언어를 사용하는 것도 비슷한 효과다. 긍정적인 언어는 상대를 덜 상처 받게 한다. 똑같은 거절이어도 무조건 '못한다.' '안 된다.' '싫다.'라고 딱 잘라 말하면 듣는 사람은 안 될 걸 알았어도 더 민망하고 기분이 상하기 마련이다. "가능하면 해보고 싶지만" "방법을 찾아보긴 하겠지만" "시간이 좀 더 있었으면 가능했을지도 모르지만"과 같은 비교적 긍정적인 표현과 언어를 쓰는 게 좋다.

- 이번에는 어렵지만 다음번에 기회가 된다면 꼭 도와드리겠습니다.
- 그건 어렵지만 제가 도와드릴 수 있는 다른 방법이 있다면 말씀해 주세요.
- 너무 좋은 제안인데, 지금은 다른 일정이 꽉 차 있어서요. 다음번에 제안 주시면 꼭 함께해 보고 싶습니다.
- 모처럼 말씀해 주셨는데 어쩌죠? 아쉽지만 선약이 있어서요.
- 오죽하셨으면 제게 그런 부탁을 다 하셨겠어요. 가능하다면 도움이 돼 드리고 싶지만, 그러지 못해 너무 죄송합니다.
- 진심으로 도와드리고 싶은 마음이지만, 지금은 저도 여유가 없어서요.
- 함께해 주시면 큰 힘이 되겠지만, 이 일은 스스로 해결해 보고 싶습니다. 도움 부탁드릴 일이 있으면 꼭 말씀드릴게요.

거절 전, 공감과 대안을 앞뒤에

공감을 통해 상대방의 입장을 이해한다는 것을 표현하는 것도 좋다. "어려운 상황이신 건 잘 알지만" "급한 상황인 것 같아 더 죄송하지만" "입장은 충분히 이해합니다만" "힘들게 꺼내신 말씀인 줄 잘 알지만" "오죽하셨으면" 같은 표현이 적당하다. 할 수 있다면 대안을 제시하는 건 더 좋은 방법이다. 도움이 될 만한 다른 방법을 제안하거나 다른 사람을 소개하는 것, 가능한 시기를 알려주는 것 등이 대안 제시에 해당한다. 물론 빈말이라면 하지 않는 게 좋다. 남에게 떠넘겨서도 안 된다. 자신의 여력과 가능 여부를 따져보고 대안을 제시해야 한다.

- 지금은 어렵지만, 다음 주쯤 다시 한번 연락해 주시겠어요?
- 저 말고, 다른 직원에게 부탁해 보시는 게 어떨까요?
- 당장 도와드리긴 어렵지만 저도 방법을 고민해 보겠습니다.

위와 같은 표현으로 대안을 제시하며 완곡하게 거절하는 것도 하나의 방법이다.

마음의 상처를 보듬는 위로의 언어

누구나 안 좋은 일을 겪는다. 사실 살면서 기쁘고 좋은 일보다는 나쁜 상황에 놓이는 경우가 더 많다. 어쩌면 그래서 인간은 희망을 품고 노력하는지도, 언젠가 다가올 좋은 소식과 결과를 기대하면서 살아가는 건지도 모른다. 갖은 실패와 좌절 앞에 절망할 때, 마음이 무너져 내렸을 때 필요한 건 바로 위로다. 때로 따뜻한 말 한마디가 다시 일어설 수 있는 큰 힘이 될 수 있다. 위로가 필요한 이에게 어떤 말을 건네야 할까?

사실 위로를 꼭 말로만 할 수 있는 건 아니다. 가만히 어깨를 감싸거나 다독이는 것, 손을 맞잡거나 꼭 안아주는 것만으로도 따뜻한 마음을 전할 수 있다. 그저 곁을 지켜주거나, 기댈 어깨를 내어주는 것도 한 방법이다. 때로는 백 마디 말보다 따뜻한 행동 하나가 더 많은 의미를 전하기도 한다. 물론 이런 건 그럴 만한 사이일 때나 가능한 일이다. 어지간히 친밀한 사이가 아니고선 괜한 오해를 불러일으키거나 분위기를 얼어붙게 만든다. 그렇다면 남은 방법은 뭘까? 당연히 '말'이다. 슬픔을 달래주는 따뜻한 위로의 언어다.

충고는 금물, 시작은 귀 기울여 듣기부터

위로의 말을 건넬 때는 특히 주의할 점이 많다. 몸이 아플 때면 신경이 날카로워지는 것처럼 실패와 좌절을 겪으면 마음 또한 약해져 평소보다 예민해지기 마련이다. 감정은 대체로 부정적으로 흐르고, 작은 충고마저 견디기 힘든 비난으로 다가온다. 위로를 한답시고 자칫 예민해진 감정을 건드렸다가는 안 하느니만 못한 결과를 낳기 일쑤다.

인기 드라마 「응답하라 1988」에는 이런 장면이 나온다. 국제 바둑 대회에서 진 최택(박보검)이 집에 틀어박혀 의기소침해 있을 때 동네 친구들이 우르르 몰려든다. 어른들은 도대체 무슨 말로 위로해야 할지 몰라 아무것도 못 하고 있을 때, 친구들은 위로는커녕 "너 발렸다며?" "이제 한 번 질 때 됐다." 해가며 아무렇지 않게 대한다. 그리고 최택의 마음이 풀어진다. 참 아름다운 장면이지만 이건 고등학생들 얘기다. 그것도 어려서부터 함께 자란 허물없는 사이다. 어른의 세계에서는 어지간해선 안 먹힌다. 더욱이 사회생활이라면 아예 시도도 하지 말아야 한다. 위로가 아니라 싸우자는 꼴이 될 수도 있다.

앞서 다룬 듣기, 즉 경청과 공감의 중요성은 위로의 언어에서도 유효하다. 평소에도 누군가 내 말을 듣는 둥 마는 둥 건성으로 들으면 기분이 나쁘다. 하물며 절망에 빠진 상태, 실패를 겪은 직후라면 어떨까? 화가 나는 걸 넘어서 살의를 느낄지도 모를 일이다.

먼저 슬퍼하는 상대방의 이야기를 진정성 있게 들어주자. '그건 좀 아닌 거 같은데…' '너도 잘못했네…' 싶어도 이때만큼은 그냥 넘기자. 그렇게 귀 기울여 들은 다음에는 상대방의 감정을 인정해 주고 공감해 줄 차례다. 부정적인 감정을 피하거나 무시해선 안 된다. 그 감정을 인정하고 받아주는 게 중요하다. 지금 우리의 목적은 충고나 조언이 아니라 따뜻한 위로다. 구체적으로는 상대방이 느꼈을, 느끼고 있는 감정을 그대로 표현하는 게 한 방법이다. "많이 힘들었겠다." "얼마나 화가 났을까?" "저라도 그랬겠네요." "고생 많으셨겠어요."와 같은 말로 공감하는 태도를 보여줄 수 있다.

'너만 힘든 거 아니야'는 최악의 위로다

다른 누군가의 상황과 비교하거나 너만 힘든 게 아니란 식의 위로는 그야말로 최악이다. 다른 누군가가 괴롭다고 내 괴로움이 사라지는 게 아니고, 나보다 더 힘든 사람이 있다고 내가 덜 힘들어지지 않는다. 아래는 의외로 많은 사람이 흔히 하는 실수다. 이런 식의 위로는 '안 하느니만 못한' 위로의 대표 주자다.

- 저도 그런 적 있어요. 다 지나갑니다. (×)
- 더 힘든 사람도 많아요. 그 정도는 아무것도 아니에요. (×)
- 남들도 다 그러고 살아. 얼른 잊어. (×)
- 그래도 넌 개보다는 낫잖아. (×)

부정적인 표현보다는 되도록 긍정적인 언어를 사용하는 것도 잊어선 안 된다. 부정적인 표현은 가뜩이나 우울한 상대방을 나락으로 끌어내린다.

- 사람 사는 게 다 그렇죠 뭐. (×)
- 어쩐지 예감이 좋지 않더라고요. (×)
- 너나 나나 인생이 허구한 날 이 모양이냐. (×)
- 어쩐지 불안불안하더라. (×)

위로할 때 긍정적 표현을 사용하면 다시 일어설 기운을 북돋아 줄 수 있다. 덧붙여 위로하는 내 감정을 전하는 것도 도움이 된다. 이 또한 공감의 한 범주다. 상처로 꼭 닫힌 상대방의 마음이 조금은 열릴지도, 마음의 생채기가 아주 조금은 아물지도 모른다.

- 지금은 힘드시겠지만, 더 좋은 기회가 올 겁니다.
- 잘 이겨내실 수 있을 거라고 믿습니다. 기운 내세요.
- 지금까지 잘해왔잖아. 좀 쉬었다가 다시 해보자.
- 네가 힘들어하는 걸 보니 나도 마음이 너무 아파.
- 너만큼은 아니겠지만, 나도 무척 속이 상해

위로하는 나를 주어로 활용하기

앞서 말했지만 절망하고 실의에 빠졌을 때는 유독 예민해진다. 그러다 보니 공연스레 방어적이 되기도 한다. 평소라면 기분 좋게 받아들였을 말도 어쩐지 내 탓을 하는 것처럼 기분 나쁘게 들릴 수 있다. 네가 뭔데 나한테 그런 말을 하느냐는, 네가 나에 대해 뭘 아느냐는 못마땅한 마음이 생길 수도 있다. 이럴 때는 위로하는 나를 주어로 두고 말하는 방식이 도움이 되기도 한다.

- 너는 잘 이겨낼 거야. → 나는 네가 잘 이겨낼 거라고 믿어.
- 얼른 툭툭 털고 일어나. → 나는 네가 얼른 기운을 차렸으면 좋겠어.

상대를 주어로 말했을 때보다 조금은 겸손하고 배려하는 느낌을 준다.

품격 있는 어른의 온라인 커뮤니케이션

말은 종종 품격과 동일시된다. 말본새를 보면 그 사람의 됨됨이나 학식이 어느 정도 파악된다. 말하는 건 꼭 '양아치' 같은데 인품이 훌륭한 경우는 거의 없다. 있더라도 정상적인 어른의 사회생활에는 어울리지 않는다. 온라인을 통한 대화도 말과 다르지 않다. 익명의 커뮤니티 게시판에서나 볼 법한 천박한 언어는 불쾌감을 주고 형편없는 사람으로 낙인찍히는 지름길이다. 어른의 온라인 커뮤니케이션에선 지켜야 할 것이 은근히 많다.

온라인 메신저 기능이 발달하면서 사적 대화를 넘어 공적 영역에서도 쓰임새가 점차 늘고 있는 추세다. 서로 대화를 나누기에도, 사진이나 문서 파일을 주고받기에도 편리하니 어찌 보면 당연한 일이다. 실제로 카카오톡이나 라인 등의 메신저를 업무에 활용하는 직장인도 많다. 그렇다 보니 사건, 사고도 많이 일어나는 게 사실이다. 아무리 업무 목적으로 쓴다고 해도 아직은 사적 영역의 성격이 강해 자칫 상대에게 불쾌감을 줄 수 있고, 채팅창을 착각해 예기치 못한 실수로 머릿속이 새하얘지는 경험을 했다는 사례는 흔해진 지

오래다.

온라인 채팅 또한 엄연한 대화다. 말이 글이 됐을 뿐 대화의 무겁고 가벼운 정도가 달라지는 건 아니다. 얼굴이 안 보이고 목소리가 들리지 않는다고 해서 예의 없이 구는 게 용납될 리는 전혀 없다. 어려서부터 익숙한 대로 친구들과 대화하듯 했다가는 언젠가는 큰코다친다.

중요한 건 얼굴을 마주 보고 하는 대화와 온라인 채팅이 '똑같다'는 걸 잊지 않는 거다. 아니, 오히려 더 주의를 기울일 필요가 있다. 말은 공기 중에 흩어져 사라지기라도 하는데 글은 영원히 박제되기 쉽다. 상대방이나 단체채팅방 구성원이 언제든 캡처할 수 있고 문제가 생겼을 때 불리한 증거로 쓰일 수 있다는 걸 늘 잊지 말아야 한다.

온라인 세상에서도 인사말이 중요하다

말로 전하거나 글로 쓸 때에도 인사말은 늘 상대를 존중하는 자세로 정중하게 하는 게 기본이다. 친구들과의 온라인 세상, 또 익명의 온라인 세상에선 전혀 다른 말투를 쓸지 몰라도 직장 동료, 업무상 지인을 비롯해 사회생활에서 얽히고설키는 관계에선 두 경우가 다르지 않아야 한다.

첫인사의 중요성은 온라인 대화에서도 마찬가지다. 아는 사이든 아니든 첫 만남에서 인사도 없이 본론을 꺼내는 건 당연하게도 예의가 아니다. "안녕하십니까." "안녕하세요."는 서두에 기본으로 달고 시작한다고 생각하자. 오랜만에 하는 연락이리면 안부 인사를 건네고, 처음이라면 인사말과 함께 이름과 소속을 밝혀 자기소개를 하는 것도 오프라인과 다르지 않다.

온라인 채팅창에서 바로 몇 줄 위, 지난 대화에도 인사를 나눴는데 그걸 매번 하는 게 어색하고 과하다고 생각할 수 있다. 그래도 그냥 또 하자. 하루에도 몇 번씩은 과할 수 있지만 적어도 날짜가 바뀌었다면 하는 게 맞다.

엎질러진 물, 최고의 수습은 예방이다

앞서 밝혔듯 채팅방을 착각해 돌이키기 어려운 실수를 해본 경험은 흔한 일이 됐다. 친구들과의 단톡방인 줄 알고 부서 채팅방에 상사 흉을 봤다든가, 애인에게 보낼 사진을 직장 상사에게 보냈다든가 하는 종류의 아찔한 실수담을 온라인 커뮤니티에서 쉽게 찾아볼 수 있다. 경우마다 경중이 다르지만, 퇴사까지 고민했다는 심각한 상황도 심심찮게 보인다.

이런 경우, 엎질러진 물을 어떻게 주워 담아야 할까? 뻔한 말 같지만 가장 먼저 염두에 둘 건 예방이다. 예방이 최고의 수습이라고 생각하고 최대한 주의를 기울이는 게 먼저다. 가급적 메신저를 통해 누군가의 흉을 보거나 욕을 하지 않는 게 한 방법이다. 당장은 화가 나고 친구에게 털어놔 위로받고 싶어도 잠깐만 숨을 고르고 마음을 가라앉혀 보자. 아예 안 하면 실수할 일도 없다. 상사 욕은 퇴근 후에, 친구와 직접 만나 수다를 떨면서 하자.

메신저를 사적 용도와 업무 용도로 분리해 쓰는 것도 좋다. 사내 메신저를 쓴다면 여기선 친한 동료와도 가급적 사적인 대화를 하지 않는 습관을 들인다. 말실수를 해선 안 될 업무상 지인이나 상사와의 채팅창은 띄워놓지 말고 대화가 끝날 때마다 바로바로 닫는 습관을 들이는 것도 필요하다.

카카오톡의 경우 주의해야 할 단톡방에 '입력창 잠금' 기능을 활성화 해두면 편리하다. 단톡방 설정 메뉴에서 설정할 수 있는데, 활성화하면 대화창에 '대화에 주의가 필요한 방입니다'라는 안내 문구가 표시되고 입력창 오른쪽 아래 자물쇠 버튼을 눌러야 글을 쓸 수 있다. 단톡방 이름을 주의해야 할 업무용 채팅방인 걸 알아보기 쉽게 설정하고 채팅창 배경색을 달리하는 것도 도움이 된다. 뭘 그렇게까지 하나, 싶을 수 있지만 그렇게까지 할 만하다. 대면 상황이라면 절대 하지 않을 황당한 실수가 온라인 공간에선 종종 벌어진다.

실수했다면 곧바로 사과를

이미 실수를 저지른 다음이라면 어떻게 해야 할까? 아무도 읽지 않았을 때 재빨리 삭제했다면 천만다행이지만 뒤늦게 알아차렸다면 뾰족한 방법이 없다. 늦었지만 실수로 쓴 글은 일단 삭제하자. 어차피 늦긴 했어도 굳이 증거를 남겨둘 필요는 없다. 카카오톡에선 '모든 대화 상대에게서 삭제'를, 라인 메신저라면 '보내기 취소' 기능으로 지운다. 다음은 정중한 사과 메시지를 보낸다.

- 죄송합니다. 대화창을 착각해서 잘못 올렸습니다
- 물의를 빚어 죄송합니다. 대화창을 혼동했습니다. 주의하겠습니다.

위와 같은 정도면 적당하다. 변명거리가 있을 수도 있지만 구구절절 늘어놓는 게 별 도움이 안 될 수도 있다.

'물의物議'는 어떤 사람이나 단체의 처사에 대해 많은 사람이 이러쿵저러쿵 논평하는 상태를 말한다. 물의를 빚었다는 건 말썽을

일으켰다는 것의 좀 더 정중한 표현이라고 생각하면 된다.

쓴 글이 특정인을 겨냥한 험담이나 욕설이었다면 다음은 당사자를 찾아가 최대한 정중하게 사과하는 게 순서다. 무척 당황스럽고 겁도 나겠지만 다른 방법이 없다. 가만히 앉아서 처분만 기다린다고 해도 사과는 어차피 해야 할 과정이다. 관계는 이미 틀어졌다. 지금부터 중요한 건 일이 벌어진 후 어떻게 행동했느냐다. 당장은 별 도움이 안 될 수도 있다. 상대방이 사과를 안 받을 수도 있고, 따끔하게 혼이 날 수도 있다. 어쩌면 몰랐던 사람들까지 알게 되는 등 일이 더 커질 수도 있다. 그래도 이게 최선이다.

- 뭐라 드릴 말씀이 없습니다. 용서해 주십시오.
- 정말 죄송합니다. 해서는 안 될 짓을 저질렀습니다.
- 죄송합니다. 진심으로 사과드립니다.
- 잘못했습니다. 다시는 이런 일 없도록 주의하겠습니다.

이후로는 행실에 좀 더 신경 쓰며 시간이 해결해 주길 바라는 수밖에 없다. 주변의 시선 때문에 한동안 괴롭겠지만 언젠가는 지나간다. 수습만 잘한다면 아찔했던 에피소드로 웃으며 회상할 수 있는 날이 온다. 엎질러진 물은 최대한 빨리 닦아내고 마음을 추스를 것을 권한다.

이모티콘, 예쁘지만 잠시 넣어두길

이모티콘은 온라인 대화에서 나름대로 중요한 역할을 한다. 요즘은 워낙 예쁜 이모티콘도 많고 어지간한 상황별로 다 만들어져 있어서 남녀노소를 막론하고 즐겨 쓴다. 우리나라 직장인의 약 60%가 업무 중 온라인 대화에서 이모티콘을 사용한다는 조사 결과도 있다. 친구나 또래 동료에게 주로 쓰지만 고객이나 상사에게 쓴다고 답변한 사람도 적지 않았다.

이모티콘은 보는 재미도 있고 때로 대화를 더 부드럽게 만드는 윤활제 역할도 한다. 하지만 업무상 대화라면 주의할 필요가 있다. 예쁘고 귀엽고를 떠나 가볍게 보이기 쉽고, 공과 사를 구분하는 걸 중시하는 사람이라면 자칫 예의 없게 느낄 수도 있다. 세대에 따라, 사람에 따라 이해하기 어려운 이모티콘도 있다.

의도와는 달리 전혀 다른 의미로 전달될 수도 있다. 그렇다 보니 뜻하지 않은 오해를 낳기도 한다. 재미있다는, 좋다는 의미로 웃는 모습의 이모티콘을 보냈는데 비웃거나 비꼬는 걸로 오해를 받았다는 이야기, 이성인 상대방에게 별 뜻 없이 하트 이모티콘을 보냈다가 호감을 표시한 걸로 오해받은 이야기는 흔한 에피소드다.

이모티콘이 주르륵 채팅방을 도배하는 걸 공해처럼 느끼는 사람도 있다. 실제로 업무상 대화가 오가는 채팅방이라면 중요한 내용이 연이어 올라온 이모티콘에 밀려 금세 사라져 제대로 읽히지 않을 수도 있다. 글쓴이에게는 당황스러운 노릇이다.

잘 쓰면 기분 좋은 웃음을 자아내거나 센스 있어 보일 수도 있겠지만, 솔직히 업무 관계에선 가급적 쓰지 않을 것을 권한다. 친구들과의 단톡방처럼 사적인 공간, 또는 동기 모임이나 취미 활동 모임처럼 어지간히 편안한 사이가 모인 채팅방이 아니라면 굳이 쓸 필요가 있을까를 생각해 보면 답이 나온다. 공식적인 대화, 업무상 대화 등 격식을 차려야 할 대화에서 줄임말이나 유행어를 쓰지 않는 것과 같은 맥락이다. 공적이거나 예의를 갖춘 문서에 귀여운 그림을 그려 넣거나 예쁜 캐릭터 디자인 용지를 쓰지 않는 것도 마찬가지다. 내 눈에 예쁘고 재미있고 센스 있어 보이는 이모티콘이 누군가에게는 촌스럽고 유치하고 맥락 없이 보일 수 있다.

때로 별 뜻 없이 한 행동이 물의를 빚거나, 많은 부분에서 내 생각 같지 않은 게 사회생활이고 인간관계다. 안 해도 될 걸 굳이 해서 문제 거리를 만들 필요는 없다. 업무 편의 목적의 온라인 채팅방에선 정중하고 간결한, 바른 문장으로 주고받는 대화면 충분하다. 거기 말고, 친구나 가족에게 실컷 날리자.

ㅎㅎ와 ㅋㅋ가 없으면 화난 것 같다고?

온라인 대화에서 습관처럼 ㅎㅎ나 ㅋㅋ를 쓰는 사람이 있다. 아니, 무척 많다. 웃음소리를 나타내는 일종의 이모티콘인데, 언젠가부터 유행처럼 번져 지금은 안 쓰면 이상할 지경이 됐다. 좀 더 오래전에는 웃는 눈 모양인 ^^가 주로 쓰였다. 대화를 조금 부드럽게 해주는, 또는 분위기를 밝게 해주는 역할 측면에선 효용이 있겠지만, 업무 관계에선 사실 앞서 다룬 이모티콘의 사용과 크게 다르지 않다. 아래 문장을 보자.

과장님, 안녕하세요? ㅎㅎ

방금 이메일 보내드렸습니다. 확인 부탁드려요. ㅋ

어제는 잘 들어가셨어요? ㅋㅋㅋㅋㅋ

어딘가 이상하다. 도대체 왜 웃는 걸까 궁금해진다. 장난스럽고 실없는 사람처럼 느껴지기도 한다. ㅎㅎ, ㅋㅋ가 없으면 화가 났거나 무뚝뚝하게 느껴진다는 사람도 있는데, 괜한 걱정이다. 친구나 애인처럼 키득거리는 게 일상인 사이라면 몰라도 문장으로 오가는 대화 끝에 굳이 '나 지금 웃고 있어요'라는 표시를 붙일 이유가 없다. 웃는 얼굴에 침 못 뱉는다는 속담이 있긴 하지만, 툭하면 우는 것처럼 때로는 상황에 맞지 않는 괜한 웃음도 보기 싫거나 이해하기 어려울 수 있다. 누군가에겐 비웃는 것처럼 보일 수도 있다. 실제로 요즘 초등학생, 중학생 사이에서 ^^는 주로 비웃음의 의미로 쓰인다.

ㅎㅎ, ㅋㅋ, ^^ 말고도 온라인 대화에서 습관적으로 불필요한 특수문자나 마침표 등을 남발하는 사례는 의외로 흔하다. 자기도 모르게 버릇이 든 경우가 대부분인데, 쓰는 사람은 그게 편하고 익숙할지 몰라도 보는 사람은 영 불편하다.

- 대리님...안녕하세요...일전에...인사드렸던...출판사...클... 강주영...입니다...연락드린건...다름이...아니고... (×)
- 선생님~~ 지난번에 요청드린 자료요~~ 혹시~ 언제쯤 전달 받을 수 있을까요~~~ (×)
- 과장님! 안녕하세요!! 다음 주 판촉 행사 건으로 연락드렸습니다! 시간 나실 때 연락 부탁드립니다! 감사합니다!! (×)

물론 의미를 전달하는 데 문제는 없다. 다만 어딘가 어색하고 가벼워 보이기도 한다. 예민한 사람에게는 무척 거슬릴 수도 있다. 대화에서 하는 말은 당연하게도 상대방이 듣기 편해야 한다. 온라인 대화도 마찬가지다. 읽기 편하게 문장 부호나 특수문자는 용도에 맞게 써야 한다. 없어도 될 걸 굳이 덧붙일 필요가 전혀 없다.

정중하면 뭐해요, 맞춤법이 엉망인데

"어의없네."

"구지 꼭 해야만 해?"

"오늘은 웬지 빵이 먹고 싶다."

채팅창이나 SNS를 보다 보면 의외로 '국어 파괴자'가 많다. '어의'는 궁궐에서 임금이나 왕족을 치료하던 의사다. '어의없네'가 아니라 '어이없네'다. '구지'는 땅의 가장 낮은 곳을 말한다. '고집을 부려 구태여'란 뜻의 단어는 구지가 아니라 '굳이'다. '웬지'라는 단어는 없다. '왜 그런지 모르게' '뚜렷한 이유도 없이'란 뜻의 부사는 '왠지'다. '좀 틀릴 수도 있지.'라고 생각한다면 틀렸다. 기본적인 맞춤법도 모르는 무식한 사람으로 보여도 괜찮을까?

말과 달리 온라인 대화에서 신경 써야 할 것 하나가 바로 맞춤법이다. 말에서는 잘못 알고 있어도 잘 드러나지 않지만, 채팅창에 쓰는 글에선 적나라하게 보인다. 솔직히 말해 한글은 생각보다 어렵다. 제아무리 공부를 잘했고 정규 교육 과정을 잘 마쳤어도 맞춤법을 완벽하게 구사하는 사람은 드물다. 수십 년간 글을 쓰고 글을 바로잡는 일에 종사한 사람도 틀릴 수 있는 게 맞춤법이다.

하지만 모르고 틀리는 데에도 정도가 있다. 많이 틀리는 만큼 맞춤법에 예민한 사람도 많다. 온라인 커뮤니티에서는 연인 사이에도 맞춤법 때문에 정이 떨어지기도 하고, 심하게는 그래서 헤어졌다는 내용의 글을 쉽게 찾아볼 수 있다. 틀린 맞춤법은 웃음거리로도 종종 등장할 정도로 온라인에는 믿기 어려운 맞춤법 파괴 사례가 즐비하다.

- 일해라 절해라 하지 마. → 이래라저래라 하지 마.
- 쇠뇌교육 당한 거지. → 세뇌교육 당한 거지.
- 골이 따분한 성격이네. → 고리타분한 성격이네.
- 노력이 숲으로 돌아갔어. → 노력이 수포로 돌아갔어.
- 너 그거 인권치매야. → 너 그거 인권침해야.

이렇게 웃지 못할 사례가 쏟아지는 가운데 맞춤법을 포함한 국어 실력의 저하는 사회적으로도 큰 문제가 되고 있다. 온라인 대화에서 아무리 예의를 갖춰 정중한 언어를 썼어도 맞춤법이 엉망이라면 좋은 인상을 주기는 어렵다. 어렵고, 많이 틀리지만 기본 교양으로 여겨지기 때문이다.

맞춤법을 공부해야 하는 이유

맞춤법 실수를 줄이기 위해선 공부하고 점검해 바로잡는 것 외에는 별다른 방법이 없다. 맞춤법이 알쏭달쏭한 단어가 있다면 온라인 사전을 활용해 미리 확인해 볼 것을 권한다. 온라인 메신저나 이메일, 문자 메시지를 보내기에 앞서 확실치 않은 단어는 사전을 검색해 정확히 알아보고, 전체 문장을 한 번 더 점검하는 습관을 들이면 실수를 줄이는 데 도움이 된다.

조금 과하다 싶을 정도로 사전을 찾아보는 것도 나쁘지 않다. 분명히 알고 있다고 생각한 단어도 찾아보면 전혀 다른 뜻인 경우가 있다. 촌각을 다투는 위급 상황이 아니라면 여러 번 확인해서 득이 되면 됐지 손해 볼 일은 없다. 글을 쓸 때 아예 모니터 한편에 국어사전 창을 띄워놓고 수시로 검색하는 습관을 들여보자.

네이버나 다음 같은 포털사이트의 어학사전도 좋고 국립국어원이 만든 온라인 국어사전 '우리말샘'도 많이 쓰인다. 부산대학교 인공지능연구실과 ㈜나라인포테크가 만든 '한국어 맞춤법/문법 검사기'도 유용하다.

원론적인 말이지만 독서 또한 맞춤법을 공부하기에 좋은 방법이다. 잘 정제된, 깔끔하게 다듬어진 문장을 꾸준히 읽다 보면 자연스럽게 익힐 수 있다. 앞서 밝혔지만 맞춤법은 어렵다. 글쓰기가 직업인 사람도 완벽하게 구사하지는 못한다. 책을 수십 권씩 쓴 작가도, 베테랑 기자도 틀릴 수 있다. 하지만 한 권의 책이 탄생하기까지는 맞춤법을 포함한 국문법에 능숙한 전문가들의 손길을 여러 차례 거치기 마련이고, 그만큼 책은 문법적으로 비교적 완성된 글을 담고 있다.

문화체육관광부가 발표한 '2023년 국민 독서 실태 조사'에 따르면 우리나라 성인의 연간 독서량은 3.9권으로 나타났다. 책을 한 권이라도 읽은 비율은 43%, 성인 10명 중 6명은 1년 동안 단 한 권의 책도 읽지 않은 셈이다. 독서의 효용은 따로 설명하지 않아도 누구나 알고 있다. 거기에 어른의 인사말, 어른의 사회생활에 꼭 필요한 '맞춤법 공부'라는 효용 하나를 더 얹고 싶다. 지금 여러분 가까이에 숱한 맞춤법 선생님들이 놓여 있다.

헷갈리는 맞춤법

헷갈리고 자주 틀리는 맞춤법을 모아봤다. 생각보다 자주 쓰이고 많이 틀리는 단어와 띄어쓰기다. 이 정도는 완벽하게 외워서 '국어 파괴자'라는 오명을 얻지 않도록 하자. 다시 한번 강조하지만, 맞춤법을 익히는 데 지름길 같은 건 없다. 끊임없이 확인하고 공부하는 게 틀리지 않기 위한 유일한 방법이다.

매다 / 메다	
매다	메다
끈이나 줄의 두 끝을 엇걸고 잡아당겨 풀어지지 않게 하다 → 운동화 끈을 매다.	어깨에 걸치거나 올려놓다 → 가방을 메다.

재고 / 제고	
재고	제고
창고 따위에 쌓인 물건. 또는 다시 생각함 → 재고가 쌓일 우려가 있으니 그 의견은 재고해 볼 필요가 있다.	수준이나 정도를 끌어올림 → 기업 이미지 제고 방안은 무엇인가?

반드시 / 반듯이	
반드시	반듯이
틀림없이 꼭 → 오늘 안에 반드시 처리해야 한다.	비뚤어지거나 기울지 않고 바르게 → 자를 대고 선을 반듯이 그어라.

결재 / 결제	
결재	결제
결정권자가 허가 또는 승인함 → 기획안을 결재해 주십시오.	값을 내는 것 → 카드로 결제할 수 있나요?

들어내다 / 드러내다	
들어내다	드러내다
물건을 들어서 밖으로 옮기다 → 헌 가구를 들어내고 새 가구를 들였다.	가려진 것을 보이게 하다 → 숨겨둔 야심을 드러냈다.

맞추다 / 맞히다	
맞추다	맞히다
떨어진 부분을 맞게 대어 붙이다. 서로 조화를 이루다 → 깨진 조각을 맞추어 붙였다. 전체 색을 비슷하게 맞췄다.	문제의 답을 틀리지 않게 하다. 물체를 쏘거나 던져 어떤 물체에 닿게 하다 → 정답을 맞히다. 화살을 과녁에 맞히다.

가르치다 / 가리키다	
가르치다	**가리키다**
지식·기능·이치 따위를 깨닫게 하거나 익히게 하다 → 선생님이 학생을 가르치다.	어떤 방향이나 대상을 집어서 보이거나 알리다 → 손가락으로 달을 가리키다.

늘리다 / 늘이다	
늘리다	**늘이다**
넓이, 부피 등을 크게 하거나 수, 분량 따위를 많아지게 하다 → 구독자 수를 늘리는 게 최우선 과제다.	더 길어지게 하다 → 고무줄을 늘이다 끊어졌다.

경신 / 갱신	
경신	**갱신**
종전의 기록을 깨뜨림 → 그 선수는 세계 기록을 경신했다.	고쳐서 새롭게 함. 법률관계의 기간을 연장함 → 보험 계약을 갱신했다.

-로서 / -로써	
로서	**로써**
지위, 신분, 자격을 나타낼 때 → 친구로서는 좋지만, 남편으로서는 모르겠어.	수단이나 도구를 나타낼 때 → 대화로써 해결이 안 되는 일은 없다.

든지 / 던지	
든지	던지
어느 걸 선택해도 되는 둘 이상의 것을 나열할 때 → 가든지 말든지 마음대로 해.	과거의 일을 회상할 때 → 어젯밤엔 얼마나 아팠던지.

낫다 / 낳다	
낫다	낳다
병이나 상처가 고쳐져 본래대로 됨 → 감기가 다 나았어.	배 속의 아이, 새끼, 알을 내놓음 → 아기를 낳았어.

−율 / −률	
율	률
앞말이 모음이나 'ㄴ' 받침으로 끝날 때 → 지지율, 할인율, 환율	앞말이 'ㄴ' 외의 모든 받침으로 끝날 때 → 시청률, 고용률, 확률

'−간'의 띄어쓰기	
붙여쓰기	띄어쓰기
기간을 의미할 때 → 사흘간, 30일간	장소나 관계를 뜻할 때 → 서울과 부산 간, 부모와 자식 간

'─데'의 띄어쓰기	
붙여쓰기	띄어쓰기
뒷말을 연결하거나 문장 종결형 어미일 때 → 편의점에 가는데 뭐 사다 줄까?	'장소, 경우, 일, 것'을 의미할 때 → 지금 가는 데가 어디야?

'─만'의 띄어쓰기	
붙여쓰기	띄어쓰기
한정 짓거나 강조할 때 → 먹지도 않고 잠만 잤다.	기간을 나타낼 때 → 10년 만에 고향에 왔다.

'─지'의 띄어쓰기	
붙여쓰기	띄어쓰기
어미로 쓰일 때 → 갈지 말지 고민이야.	기간을 나타낼 때 → 고향을 떠난 지 1년이 지났다.

3부

평생 쓸모 있는 경조사의 모든 것

— 언제 어디서든 당황하지 않는 적재적소의 지식

장례식장

유가족은 전혀 안녕하지 않다

신입 사원 강주영은 난감하다. 주말에 날아든 같은 부서 상사의 부친상 소식 때문이다. 동기들과 연락해 문상을 가기로 했는데 장례식장이라곤 꼬맹이 시절에 어른들을 따라가 본 게 전부라 뭘 어떻게 해야 하는 건지 전혀 몰랐다. 동기들도 마찬가지다. "절은 두 번 하는 거지?" "여자는 세 번 아니야?" 답 없는 의견만 분분하다.

드디어 장례식장에 도착했다. 우물쭈물하던 중에 빈소에 있는 상사와 눈이 마주쳤다. 회사에서 하던 대로 인사부터 해야겠지? 우렁찬 목소리로, "과장님, 안녕하십니까!"를 외친다. 그야말로 낭패다.

장례식장 예절은 은근히 까다롭다. 누구 하나 차근차근 가르쳐주는 이가 드물다. 사정이 이렇다 보니 갓 성인이 된 후 느닷없이 날아든 부고 앞에 당황하기 일쑤다. 알아두고 주의할 게 많지만 한 번 알아두면 다음부터는 쉽다. 일단 유가족에게 "안녕하세요."라고 인사하는 일은 절대 없어야 한다. 실제로 이런 실수로 얼굴을 붉히는 경우가 왕왕 있다. 사랑하는 가족을 떠나보낸 이들은 당연히 안녕하지 않다.

부고 문자에 답장하려면?

고인故人(죽은 사람)이나 유가족이 속한 직장, 기관, 단체 구성원
이 아니라면 보통 유가족에게 직접 부고訃告(사람의 죽음을 알림)를 받
는다. 문자 메시지나 카카오톡으로 전하거나 요즘은 SNS를 통해 알
리는 경우도 흔하다. 누군가 대신 알려온 경우라면 굳이 그럴 필요
가 없지만, 유가족이 직접 보내거나 올렸다면 답장을 보내거나 답
글을 남기는 것도 예의다.

가장 흔히 쓰이고 표준화된 문장은 "삼가 고인의 명복을 빕니
다."다. '삼가'는 '겸손하고 조심하는 마음으로 정중하게'란 뜻이고,
명복冥福은 '죽은 뒤 저승에서 받는 복'을 말한다. 절친한 친구처럼
아주 가까운 사이라면 좀 더 편안한 글로 위로의 뜻을 전할 수 있겠
지만 그렇지 않다면 위 문장이 적절하다. "고인의 명복을 빌며 심심
한 위로를 전합니다."도 흔히 쓰이는 문구다. 이때 심심하다는 건
지루하고 재미없다는 뜻이 아니라 심심甚深, 매우 깊고 간절하다는
의미다. 부득이한 사정으로 장례식장에 못 가고 조의금만 보낼 때
도 위로 문자를 남기는 게 좋다. 위 예문 앞에 "직접 찾아뵙고 위로
드리지 못해 죄송합니다."라고 덧붙일 수 있다.

장례식장에 갈 때 미리 알아두어야 할 단어

아래는 장례식 절차에서 자주 쓰는 단어다. 이것만 알아도 조문을 가거나 상주가 되었을 때 실수할 일이 줄어든다.

- 상가喪家: 사람이 죽어 장례를 치르는 집. 장례식장과 같은 의미
- 문상聞喪·조문弔問: 같은 의미다. 남의 죽음에 대해 슬퍼하고 상주를 위로하기 위해 인사를 건네거나 찾아가는 것
- 빈소殯所: 관을 놓아두는 방. 장례식장에 제단이 차려진 곳을 의미하며 영안실靈安室도 같은 의미로 쓰임
- 상제喪制: 부모나 조부모가 세상을 떠나 상을 치르는 중인 사람. 유가족遺家族(죽은 사람의 남은 가족)과 비슷한 의미
- 상주喪主: 상제 중 대표자를 뜻함. 예전에는 보통 맏아들이 맡았음
- 조의금弔意金·부조금扶助金·부의금賻儀金: 같은 의미라고 봐도 된다. 남의 죽음을 슬퍼하는 뜻으로 내는 돈, 상가에 보내는 돈을 의미

- 발인發靷: 고인의 시신이 상가를 떠나는 것. 보통 묻힐 곳이나 화장터로 가는 날을 의미함
- 장지葬地: 시신을 묻는 땅. 묘지나 유골을 모셔두는 봉안당奉安堂을 의미
- 추모追慕: 죽은 사람을 그리워하며 생각함
- 추도追悼: 죽은 사람을 생각해 슬퍼함
- 애도哀悼: 사람의 죽음을 슬퍼함

죽음을 표현하는 단어도 다양하다.

- 영면永眠: 영원히 잠듦
- 타계他界: 다른 세계로 감
- 별세別世: 윗사람이 세상을 떠남
- 작고作故: 고인이 됨
- 소천召天: 하늘의 부름을 받음(주로 기독교에서 쓰임)
- 입적入寂: 불교 승려가 죽음
- 서거逝去: 죽어서 세상을 떠난다는 의미의 사거死去의 높임말

장례식장에 가기 전에 준비할 것

장례식은 보통 부고 후 바로 시작된다. 직장에서는 총무 부서에서 문자 메시지나 이메일, 인트라넷 등으로 알리는 게 보통인데, 유가족 사정으로 바로 장례식장을 꾸리지 못한 경우라면 언제부터 문상할 수 있는지를 함께 알려준다.

문상 시기가 따로 정해져 있는 건 아니지만, 가족이나 아주 가까운 사이라면 부고 첫날에 가능한 한 빨리 찾아가 위로하는 게 예의다. 보통 고인이 사망한 날부터 이틀간 문상을 받고, 사흘째 되는 이른 아침에 발인하기 때문에 장례식 둘째 날 저녁까지는 가야 한다.

옷차림은 검정 정장이 기본이나. 집자기 준비하기 어렵더라도 되도록 위아래 어두운 계열로 맞춰 입는 게 예의다. 화려한 디자인의 액세서리나 짙은 화장은 피한다. 우리나라의 장례식장은 대부분 신발을 벗고 들어가 문상하게 돼 있다. 즉, 맨발은 금물이다, 양말이나 스타킹도 검정 또는 회색 계열로 신는다.

조의금, 얼마를 해야 할까?

장례식장이 낯선 학생이나 사회 초년생이라면 조의금을 얼마나 내야 하는지도 고민이다. 법으로 정해놓은 것도 아니고, 적정선을 찾기란 쉽지 않다. 이럴 땐 동시대의 사회적 통념을 하나의 기준으로 삼을 수 있다.

예전엔 조의금이 10만 원 이하일 경우 3만 원, 5만 원, 7만 원처럼 홀수 단위로 내는 게 일반적이었다. 오래된 관습인데, 유학儒學 사상 중 하나인 음양오행설陰陽五行說에 근거해 홀수가 양의 기운, 즉 긍정적이고 길한 기운을 가졌다고 해서 오랜 세월 그렇게 지켜왔다. 하지만 소득 수준이 높아지고 5만 원권이 등장하면서 3만 원이나 7만 원을 내는 경우는 드물어졌다. 뒤에 다룰 결혼식 축의금도 마찬가지인데, 오늘날 '국룰'은 5만 원 아니면 10만 원이다. 가깝다고 하기는 어렵지만 모른 척 지나칠 수 없는 사이라면 5만 원, 같은 부서 동료나 종종 얼굴 보고 지내는 사이처럼 제법 가깝다고 느끼는 지인에게는 10만 원이 적당하다. 물론 절친한 친구나 가족처럼 각별한 사이라면 그 이상 20~30만 원도 생각해 볼 수 있다.

조의금 봉투에 뭐라고 쓸까?

　준비한 조의금은 장례식장 입구에 마련된 함에 넣는다. 미처 봉투에 담지 못했더라도 대부분 준비돼 있으니 걱정할 필요는 없다. 조의금 봉투 뒷면 하단에 소속과 이름을 세로로 적는 게 보통이다. 봉투 앞면에 한자로 부의賻儀, 근조謹弔 등을 적어 넣기도 하는데, 봉투에 미리 인쇄된 경우도 있고 굳이 적지 않아도 괜찮다. 물론 직접 적는다면 말릴 사람은 없다. 한글로 쓰기도 하지만 특별한 계기에만 쓰는 함축적인 한자어이니 한자를 미리 알아뒀다 직접 적어보자. 근사한 필체로 한자를 쓱쓱 적으면 나를 보는 동료나 선배의 시선도 조금은 달라지지 않을까? 봉투 앞면 중앙에 세로로 다음 한자 단어 중 하나를 골라 쓰면 된다.

- 부의賻儀(부의 부, 거동 의): 상가에 내는 돈
- 근조謹弔(삼갈 근, 조상할 조): 사람의 죽음에 대해 정중하게 슬픈 마음을 나타냄
- 추모追慕(쫓을 추, 그릴 모): 죽은 사람을 그리며 생각함

- 추도追悼(쫓을 추, 슬퍼할 도): 죽은 사람을 생각하며 슬퍼함
- 애도哀悼(슬플 애, 슬퍼할 도): 사람의 죽음을 슬퍼함
- 위령慰靈(위로할 위, 신령 령): 죽은 사람의 영혼을 위로함

* 직접 따라 써보세요.

賻儀 부의	謹弔 근조
追慕 추모	追悼 추도
哀悼 애도	慰靈 위령

향을 피워야 할까, 꽃을 올려야 할까?

조의금을 함에 넣은 다음 방명록에도 세로로 소속과 이름을 적으면, 사실 복잡한 건 여기부터 시작이다. 두꺼운 점퍼나 코트 등 겉옷은 빈소에 들어서기 전에 미리 벗어서 빈소 입구나 적당한 곳에 두는 게 좋다. 신발을 벗고 빈소에 들어서면 오른쪽으로 상주와 상제들이 나란히 서서 손님을 맞는다. 이때 상주와 미리 인사하지 않는다. 고인에게 인사드리는 게 먼저다. 우선 고인의 영정 사진이 놓인 제단 앞으로 간다.

향을 피우는 분향焚香 또는 고인에게 꽃을 바치는 헌화獻花를 하는데 반드시 둘 다 해야 하는 건 아니다. 이미 향로에 향이 많이 꽂혀 있거나, 제단에 올린 꽃이 많다면 둘 중 하나만 하는 식으로 눈치껏 하면 된다. 아예 둘 중 하나만 준비된 곳도 있으니 당황하지 말고 준비된 걸 하자.

분향은 오른손으로 향을 집어 촛불로 불을 옮겨 붙인다. 향이 조금 탈 때까지 잠깐 기다렸다가 불을 끄는데 이때 절대 입으로 불어 끄면 안 된다. 왼손으로 부채질하거나 오른손을 가볍게 흔들어서 꺼야 한다. 이후 왼손으로 향을 잡은 오른손을 받치고 향로에 꽂으면 된다.

헌화의 경우 보통 흰 국화 송이가 제단 옆 화병이나 항아리에 마련돼 있다. 오른손으로 줄기를 잡아 한 송이를 들고, 분향 때와 마찬가지로 왼손으로 오른손을 받쳐 제단 위에 올려놓는다. 보통 꽃송이가 영정 사진을 향하도록 두는데, 간혹 반대로 놓는 경우가 있다. 먼저 놓인 꽃을 보고 눈치껏 놓으면 된다. 그러고 나서 뒷걸음으로 한두 걸음 적당히 물러선다.

여럿이 함께 문상한다면 일일이 전부 다 분향과 헌화를 할 필요는 없다. 시간도 오래 걸릴뿐더러, 연기 나는 향을 너무 많이 피워두는 것도 실내에 마련된 장례식장 환경상 그리 권장할 만한 일은 아니다. 한두 명이 대표로 하면 충분하다. 일행 중 가장 윗사람이 대표로 하는 게 보통이고 동기 간, 친구 간이라면 빈소에 들어서기 전 누가 할 것인지를 미리 정하는 게 좋다.

고인에게 절하는 법

다음은 고인에게 절을 할 차례다. 절은 '두 번 반' 한다고 생각하면 기억하기 쉽다. 남성은 오른손이 위로, 여성은 왼손이 위로 가게 손을 모아 두 번 큰절하고 일어서 깊이 허리 숙여 한 번 더 인사한다. 설날 세배를 비롯해 평상시의 큰절은 남성은 왼손이 위로, 여성은 오른손이 위로 가는 게 원칙이지만, 장례로 대표되는 흉사凶事(흉하고 언짢은 일 또는 사람이 죽은 일)에서는 위로 가는 손의 위치를 반대로 하는 게 전통 예법이다.

사실 여기서 조금 애매한 경우가 있다. 종교적인 이유로 고인에게 절을 하는 게 꺼려지는 경우나. 만약 고인과 유가족이 기독교인이라면 절을 해도 괜찮은 건지 고민되기도 한다. 본인이 절하기 어려운 상황이라면 분향 또는 헌화 후 공손히 두 손을 모으고 선 채로 기도나 묵념만 해도 좋다. 절을 해도 괜찮은지 아리송하다면 상주에게 조심스럽게 "절을 올려도 되겠습니까?"라고 물어보자. 몰라서 물어보는 건 흉이 아니다. 어지간해선 고인에게 절하는 걸 막지는 않는다.

상주와 인사하는 법

다음은 상주와 인사할 차례다. 몸을 틀어 상주, 상제와 마주 보고 선다. 이후 동시에 서로 맞절을 한 번만 하고 일어서 가볍게 목례한다.

이후가 좀 어렵다. 뭐라고 위로의 인사를 건네야 할 것 같은데 사실 할 말이 마땅찮다. 앞서 짚어봤듯 "안녕하세요"는 전혀 아니다. "고인의 명복을 빕니다."나 "삼가 조의를 표합니다." 같은 교과서적인 인사말이 있지만, 일상에서 잘 쓰지 않아 입이 떨어지지 않는 게 사실이다.

뜻밖에도 이럴 때는 아무 말도 하지 않는 게 답이 될 수 있다. 어떤 말로도 가족을 잃은 슬픔을 위로할 수 없다는 건 두말하면 잔소리다. 때로는 침묵이 말을 대신한다. 장례식장을 찾아와 문상한 것으로 위로의 마음은 충분히 전달된다. 굳이 한마디 한다면 "기운 내십시오." 정도면 충분하다.

상주, 상제와 모두 아는 사이일 수도 있지만 친척이 아닌 이상 그중 한 사람의 지인인 경우가 대부분이다. 이때 보통 지인인 유가족이 다른 유가족에게 문상 온 손님이 누구인지를, 손님에게는 다른 유가족을 짧게 소개한다. 소개를 받으면 가볍게 고개 숙여 인사 나누면 된다. 악수를 청하는 것도 장례식장에선 어울리지 않는다.

여기까지 마쳤다면 밖으로 나간다. 어려운 절차는 다 끝났다. 친분 있는 유가족이 배웅한다면 가벼운 인사를 나누고 식당으로 가 식사를 하거나 그럴 형편이 아니라면 돌아가면 된다.

상주를 포함한 유가족에게 계속 말을 시키거나 식사 자리에 인사차 온 유가족을 너무 오래 붙들어 두는 것도 어찌 보면 실례다. 장례를 치르는 건 쉽지 않다. 슬픈 마음도 마음이지만 손님맞이며 장례식장과 관련한 행정 절차 탓에 은근히 신경 쓸 것도 많고 힘이 든다. 유가족 입장에서는 편안히 쉴 수 있는 상황도 아니지만 가급적 휴식을 취할 수 있도록 배려하는 게 좋다.

고인의 사망 경위를 꼬치꼬치 캐묻는 것 또한 예의에 어긋난다. 좋은 이야기도 여러 차례 반복하면 싫은데, 하물며 가족이 죽어간 과정이라면 어떨까? 먼저 말해주지 않으면 굳이 물어볼 필요도 없다.

그밖에 알아둘 장례식 예절

간혹 고인이 비교적 오래 살고 돌아가신 경우 '호상好喪'이라는 표현을 쓰기도 한다. 복을 누리고 오래 살다가 죽었다는 의미인데, 사실이 그렇다고 해도 유가족 입장에선 썩 듣기 좋은 말은 아니다. 아무리 오래, 잘 살았던 가족과의 이별이라도 슬프지 않을 리가 없다. 문상객끼리 조용히 호상 운운하는 건 몰라도 굳이 유가족에게는 하지 말자.

지나치게 술을 많이 마시고 시끄럽게 떠드는 것도 삼가야 한다. 반가운 사람을 만났다고 큰 소리로 부르는 것도 금물이다. 유가족이 너무 슬픔에만 잠겨 있지 않도록 떠들썩하게 먹고 마시는 게 우리 장례 문화라는 견해도 있지만 다 옛날얘기다. 너른 마당에 아흔아홉 칸 방 딸린 저택도 아니고, 오늘날의 빈소는 얇은 벽 하나를 사이에 두고 낯모르는 수많은 이가 모인 곳이다. 식당이나 술집에서도 너무 큰 소리로 떠들면 민폐가 되는데 장례식장에선 오죽할까?

소위 '안줏발'을 세워서 음식을 여러 차례 더 달라고 해 먹는 것도 사실 썩 좋은 모양새는 아니다. 먹는 것 가지고 야박하다고 생각할 수 있지만 장례식장은 뷔페가 아니다. 유가족이 손님이 어느 정도 올 것인지를 가늠해 적정량을 미리 주문해 두는데, 떨어지면 재차 주문해야 하고 그게 다 추가로 들이는 돈이다. 상주 입장에서야 찾아와준 손님에게 아낌없이 내주고 싶은 마음이겠지만 정도껏 해서 나쁠 건 없다. 적당히 먹고 일어서자.

함께 문상을 간 사람들과 술을 마시게 되더라도 절대 건배는 하지 않는다. 축하하거나 행운, 건강 등을 비는 건배는 장례식장에 어울리지 않는다.

장례식이 끝난 후 직장에 복귀한 동료가 문자 메시지나 이메일 등으로 감사 인사를 전하는 경우도 잦다. 어느 정도 규모 있는 조직이라면 보통 같은 내용을 단체로 보내는데, 가까운 사이라 개별적으로 보낸 인사가 아닌 바에야 굳이 답장을 보낼 필요는 없다. 다만 직접 찾아와 감사 인사를 전하거나 오가다 마주친 경우, 직장 규모가 크지 않아 늘 얼굴 보는 사이라면 먼저 인사를 건네는 것도 좋다. "고생하셨습니다." 정도의 짤막한 인사면 적당하다.

장례를 치르게 되었다면

상상하기 싫지만 앞서 다룬 상황과는 반대 입장, 즉 내가 조문하러 온 손님을 맞이해야 하는 처지에 놓일 수도 있다. 누구나 알고 있듯, 언젠가는 사랑하는 가족을 먼저 떠나보내야 하는 게 운명이기에 누구나 상주나 상제 역할을 맡게 되고, 또 감내해야 한다.

가족의 장례를 치러본 사람이면 알겠지만 유가족, 특히 상주가 해야 하는 일이 참 많다. 가족의 죽음을 맞닥뜨려 슬프고, 괴롭고, 황망한 와중에 고인의 부고를 알리는 것부터 시작해 장례식장을 구하고 장례 절차 전반의 총책임자 역할을 감당해야 한다. 그야말로 정신이 없다. 하다못해 손님들에게 제공되는 국과 반찬, 음료 등의 종류와 수량을 정하는 것까지 상주 몫이다. 장례 대행 서비스 업체를 이용하면 상당 부분 일을 덜 수 있지만, 그래도 이래저래 해야 하고 신경 쓸 일이 많다. 그런 와중에 손님도 맞이해야 하니 심신이 그야말로 너덜너덜해진다. 앞서 가급적 유가족이 쉴 수 있도록 배려해야 한다고 적은 이유다.

상주도 할 말은 마땅치 않지만

장례식장에 찾아온 손님이 유가족에게 건넬 만한 적당한 말을 찾기 힘들듯 유가족 또한 마찬가지다. 사랑하는 사람을 떠나보낸 슬픈 상황에서 사실상 손님과 주고받을 말은 많지 않다. 조문객이 위로의 말을 건넸을 때 가장 좋은 대답은 "고맙습니다."다. 찾아와 주고, 위로해 줘 고맙다는 말밖에는 사실 다른 말이 필요 없고 딱히 할 말도 없다. "와주서서 고맙습니다."라고 인사하고 "식사하고 가세요." 정도의 말과 함께 식당으로 안내하는 게 일반적이다.

간혹 조문객이 뭐라 답하기 어려운 말을 건네는 경우도 있다. "어떡하냐." "이게 웬일이냐." 같이 실문도 아니고 딱히 답을 찾기 어려운 말을 하는 경우인데 생각 외로 많이 듣게 된다. 대답하기가 곤란한 경우라면 대답할 말이 없다고 말하는 게 방법이다. 이상한 말처럼 들리겠지만 정말 그렇다. 장례식장에선 말이 된다. "뭐라 드릴 말씀이 없습니다."라고 대답하면 예의를 갖추면서도 꽤 적절한 대답이 된다.

장례식이 끝나도 끝난 게 아니다

가족의 장례 절차를 다 치렀어도 아직 할 일이 남는다. 장례나 결혼처럼 여러 손님을 맞이하게 되는 큰일을 치른 다음에는 짧게라도 찾아와준 사람, 조의금이나 축의금을 낸 사람들에 감사 인사를 전하는 게 우리 문화고 정서다. 할 수만 있다면 일일이 찾아뵙고 인사를 전하는 게 최선이겠지만, 사실상 쉽지 않고 그렇게까지는 하지 않아도 괜찮다는 걸 대부분 이해한다. 집안 어르신처럼 직접 찾아뵈야 하거나 하다못해 전화로라도 인사를 드려야 하는 상대라면 "와주시고 마음 써주셔서 감사합니다. 덕분에 아버님(또는 어머님, 형님 등 고인이 된 가족) 잘 모셨습니다."라고 인사하는 게 적당하다.

직접 만나 인사할 게 아니라면 문자 메시지나 이메일을 이용하는 게 최선이다. 특히 회사원이라면 회사 이메일을 통해 직원 전체에게 인사 이메일을 보내는 게 일반적이다. 간혹 필력이 뛰어난 사람 중에는 감사 인사와 더불어 고인과의 추억이며 장례를 치르며 느낀 감상 등을 섞어 장문의 글을 써 보내는 경우도 있는데 굳이 그럴 필요까지는 없다. 순전히 개인적인 취향이고, 좀 매정하게 들릴

지 몰라도 어지간히 친분이 있는 경우가 아니라면 바쁜 와중에 꼼꼼히 읽어볼 이도 많지 않다. 정중하고 간략하게, 필요한 글만 담아 보내면 된다.

아래는 장례 후 보내는 인사말의 예시다. 예문을 참고해 적절히 고쳐 쓰면 무난하다.

바쁘신 중에도 장례식에 참석해 위로해 주시고 마음 전해 주셔서 감사드립니다. 직접 찾아뵙고 인사드려야 마땅하겠으나, 이렇게 글로 인사드리는 점 너그러이 양해 바랍니다. 덕분에 아버님(또는 어머니 등 고인이 된 가족)을 잘 모실 수 있었습니다. 보내주신 호의를 잊지 않고 감사하는 마음으로 살아가겠습니다. 고맙습니다.

저희 아버님(또는 어머님 등 고인이 된 가족)의 장례에 귀한 걸음 해주시고 위로의 마음 전해주신 모든 분께 감사의 인사를 드립니다. 일일이 찾아뵙고 인사드리지 못해 죄송한 마음입니다. 여러분께서 마음 모아주신 덕분에 장례 절차를 잘 마치고 일상에 복귀할 수 있었습니다. 보내주신 마음 잊지 않고 언제고 보답하겠습니다. 감사합니다.

좋은 일에 예의를 갖춰 축하하는 법

사회생활을 하다 보면 종종 청첩장을 받거나 결혼 소식을 듣게 된다. 어느 정도 가까운 사이라면 당연히 기분 좋게 축하하고 결혼식에 참석하면 될 일이지만 사회생활에선 참 애매한 경우가 많다. 얼굴만 아는 직장 동료, 그다지 가깝다고 하긴 어려운 업무상 지인 등 결혼식에 참석하는 게 맞는지 아닌지, 결혼식엔 안 가더라도 축의금祝儀金(축하하는 뜻으로 내는 돈)은 내야 하는 건지, 또 낸다면 얼마를 내야 하는지 고민되는 경우가 심심찮게 생긴다.

사실 청첩장은 주는 사람도 쉽지 않다. 회사원이라면 누구는 주고 누구는 안 주기도 이상하니 수년 동안 말 한마디 안 나눠본 다른 부서 동료에게까지 돌려야 할 경우가 생긴다. 사실은 서로 머쓱한 상황이니 너무 당황할 필요는 없다. 청첩장을 건네는 사람이 누구든 "이걸 저한테 왜 주시죠?" 하면서 정색할 게 아니라면 일단은 기분 좋게 받는 게 예의다. 청첩장을 받았다고 꼭 결혼식에 참석하거나 축의금을 내야 한다는 법도 없고, 웬만하면 주는 사람도 이 사람이 결혼식에 올 사람인지 아닌지 정도는 당연히 알고 있다.

청첩에 대한 올바른 자세

결혼은 대체로 좋은 일이다. 정략결혼政略結婚(가장이나 친권자가 자신의 이익이나 목적을 위해 당사자의 의사와 상관없이 시키는 결혼)이라든가 드라마에나 나올 법한 불행한 결혼도 있을 수 있겠지만, 요즘 현실 세계에선 여간해선 접하기 어려운 일이다. 좋은 일을 알리는데 굳이 인상 붉힐 필요는 없다. 밝은 미소로 축하 인사를 건네자. "축하 드립니다." "축하합니다. 너무 좋으시겠어요." "축하드려요. 행복하게 사세요." 정도면 무난하다.

모바일 청첩장을 받은 경우라도 마찬가지다. 친한 사이라면 알아서 말과 문장이 튀어나올 거고, 어색한 사이에는 앞서 추천한 짧은 축하의 말이면 충분하다. 뭔가 좀 더 그럴듯한 인사말을 건네야 할 것 같아 고민할 필요는 없다. 서로 더 나눌 말도 없는데 어색하게 마주하고 있는 것도 곤욕이다.

사실 정말 곤란한 건, 전혀 그럴 만하지 않은 뜻밖의 인물에게서 결혼 소식을 듣는 경우다. 생사도 몰랐던 동창이나 전 직장 동료가 수년 만에 모바일 청첩장을 보냈다면? 뜻밖인 정도가 아니라 황당하게 느껴질 정도의 결혼식 초대라면 무시하는 게 정신 건강에 이롭다. 그래도 청첩장을 받았는데 모른척해도 괜찮을까? 결혼식에는 안 가더라도 축의금은 보내야 하는 것 아닌가? 참 착한 마음이지만 그런 쓸데없는 고민으로 스트레스를 받을 이유가 전혀 없다. 그 긴 시간 연락도 없이 지냈는데 앞으로 얼굴 보고 지낼 가능성이 얼마나 있는지, 이 사람은 과연 내 경조사에 올 것인지를 생각해 보면 답이 나온다.

모바일 청첩장은 주는 사람이 아니라 받는 사람의 편의를 위해 존재한다. 사실 종이 청첩장을 받을지, 모바일로 받을지를 먼저 물어보고 주는 게 예의다. 뜬금없이 덜렁 보내온 모바일 청첩장은 애당초 예의 없는 행동이다. 대놓고 무시하는 게 너무 매정한 것 같으면 짧은 축하 메시지 정도는 보내주는 것도 괜찮다. 다만 덧없는 대화를 이어가야 할지도 모르는 위험은 감수해야 한다.

축의금에도 시대마다 '국룰'이 있다

인사말을 다루고 있지만 '예의를 표하는 것, 또는 그런 말이나 행동'이라는 인사의 의미를 생각하면 넓은 범주에선 축의금도 인사에 해당하니 짚고 넘어가자. 그럼 도대체 얼마를 내야 할까?

결론부터 얘기하면 5만 원 아니면 10만 원이 '국룰'이다. 신한은행이 2023년 10, 11월 두 달간 경제활동을 하는 전국의 만 20~64세 1만 명을 대상으로 조사한 바에 따르면 결혼식에 직접 가지 않아도 되는, 그러니까 축의금만 보내는 경우라면 5만 원, 직접 참석해야 한다면 10만 원을 낸다는 응답이 가장 많았다. 결혼정보회사 '듀오'가 2022년 미혼 남녀 300명을 대상으로 한 조사에서도 5만 원이란 응답이 48%, 10만 원이 40%를 차지했다.

얼굴과 이름 정도만 아는 동료, 가끔 잡담이나 나누는 옆 부서 상사, 업무상 대화만 오가는 지인, 1년에 한두 번 얼굴 보는 선후배, 그나마 연락은 하고 지내는 전 직장 동료 등등 애매해도 모른 척하기는 곤란한 경우라면 5만 원이 답이다. 3만 원이 표준이던 시절도 있었지만 벌써 옛날이야기다. 괜한 고민 끝에 2만 원 때문에 쪼잔한 인상 심어줄 것 없이 기왕 내기로 했다면 5만 원을 쓰자.

종종 만나는 친구나 제법 가깝다고 느끼는 지인에게는 10만 원이 적당하다. 관계가 서먹해도 한 부서 동료라든가, 부서나 직급에 상관없이 자주 보고 지낼 사이라면 평탄한 회사 생활을 위해서라도 조금 더 쓰는 게 현명하다. 사실 2009년 6월 5만 원권 지폐가 등장하면서 5만 원은 축의금이나 조의금의 최소 단위로 인식된 지 오래다. 물론 사회 초년생이나 대학생에게는 5만 원도 적은 돈은 아니지만, '낼 수 있는 가장 적은 액수'라는 인식이 가까운 사이에선 자칫 서운한 마음으로 이어질 수도 있다.

더 가까운, 아끼는 친구나 선후배라면? 알아서 마음 가는 대로 더 넣으시길.

참석하지 않아도 인사말은 기본

결혼식에 참석하지 않고 축의금만 보내는 경우에도 인사말이 필요할 수 있다. 참석하는 누군가에게 봉투를 대신 전해 달라고 부탁하기도 하지만, 전해줄 사람이 그다지 편하지 않은 선배나 상사라면 부탁하기가 어렵기도 하다. 청첩장에 축의금 받을 계좌번호가 적혀 있다면 송금만 하면 되겠지만, 요즘 모바일 청첩장은 축하 글을 남길 수 있게 돼 있기도 하고 카카오톡 등을 이용한 모바일 간편 송금은 돈만 떨렁 보내면 어쩐지 예의 없어 보인다.

이럴 땐 적당한 인사말을 함께 남겨 보자. 예의도 갖추고, 내가 결혼식에 참석은 안 하지만 할 도리는 했다는 걸 너욱 분명히 할 수도 있어 여러모로 좋다. 아무래도 글로 남기는 것이니 말로 할 때보다는 조금 긴 인사말을 쓰는 게 어울린다.

- 진심으로 축하드려요. 행복한 결혼 생활 되시길 기원합니다.
- 결혼을 진심으로 축하드립니다. 행복한 가정 이루시고 좋은 일만 가득하길 빕니다.

- 멀리서 마음만 전합니다. 결혼 축하드리고, 행복하시길 기원합니다.
- 신랑 신부의 새출발을 응원합니다! 결혼 축하드려요.
- 직접 찾아뵙고 축하드리지 못해 아쉽습니다. 행복한 결혼 생활 되세요.
- 축하드립니다. 새로운 가정에 행복만 가득하시기를 기원합니다.
- 두 분의 결혼 생활이 사랑과 행복으로 가득하기를 기원합니다.
- 두 분이 함께할 모든 여정에 기쁨과 행복만 가득하길 바랍니다.
- 축복합니다! 예쁜 가정 꾸리시고 늘 행복하세요.

자칫하면 '민폐 하객'이 될 수도 있다

어른이 되면 생각보다 많은 면에서 변화를 맞게 된다. 각종 예식에 부모님을 따라 멋모르고 참석했던 꼬맹이가 아니라, 진정한 하객賀客(축하하는 손님)이 된다는 것 또한 한 측면이다. 결혼이 아직 먼 얘기처럼 느껴질 수 있지만 생각보다 빨리, 예상치 못하게 결혼식에 참석해야 할 일이 생기기도 한다. 누군가를 따라서가 아니라, 직접 초대받은 손님으로서다. 친구의 결혼식일 수도 있고 친한 선후배나 직장 동료, 취미 동호회의 회원일 수도 있다. 어른이 됐다는 건 챙겨야 할 경조사가 많아졌다는 뜻이기도 하다.

장례식만큼은 아니지만 결혼식도 알아둬야 할 예절이 꽤 있다. 예외도 있지만 대부분 일생에 단 한 번 치르는 중요한 예식인 만큼 점잖게 예의를 갖추는 게 상식이다. 솔직히 친한 친구의 결혼식은 '빅 이벤트'다. 초대받은 친구들도 덩달아 신이 나기 마련이다. 전에 없던 장난기도 발동하고 뒤풀이에서 떠들썩하게 먹고 마실 생각에 들뜨기도 한다. 하지만 신난다고 신나게 놀 생각만 했다가는 자칫 예의 없는 '민폐 하객'이 될 수도 있다.

당연하게도 결혼식장엔 주인공인 신랑, 신부 외에도 그들의 부모님과 친척들, 부모님의 지인들 등 많은 웃어른이 참석한다. 예를 들어 신랑의 친구들이 결혼식장에서 예의 없는 행동을 하거나 소란을 피운다면 어떤 상황이 벌어질까? 평소 친구들끼리 있을 때처럼 비속어 섞인 말투를 쓰며 큰 소리로 떠든다면? 신랑, 신부가 곤란할 정도로 짓궂은 장난을 치거나 예식 도중에 약속되지 않은 돌출 행동을 한다면? 신랑, 신부의 부모님과 지인들이 눈살을 찌푸리는 건 물론이고 신부나 신부 가족에게 신랑의 체면을 깎아내리기 딱 좋다.

예식禮式의 예禮 자는 예절을 갖춘다, 경의를 표한다는 등의 의미다. 사람이 마땅히 지켜야 할 도리라는 뜻도 있다. 기쁘고 신나는 행사지만 한편으론 정중해야 하는 게 당연하다. 결혼을 인륜지대사人倫之大事라고도 표현한다. 사람의 일생에서 치르는 큰일이라는, 그만큼 중요한 예식이라는 말이다. 잊지 말자. 누구 재미있으라고 하는 결혼식이 아니다. 밝고 유쾌한 분위기야 누구나 환영이지만 선을 넘어선 안 된다. 재미보다는 예의에 신경 쓰자.

주인공보다 돋보여야 할 조연은 없다

결혼식에 하객으로 참석하게 됐다면 복장부터 신경 써야 한다. 어떤 예식이고 참석자의 복장에서 그 예식을 대하는 태도가 드러난다. 결혼식 하객 복장의 기본은 단정한 정장이다. 아직 학생 신분이더라도 최소한 '세미 정장(완벽하게 격식을 차린 정장은 아니지만 정장 느낌의 단정한 옷차림)' 정도는 갖춰 입는 게 예의다. 없는 정장을 사 입어야 할 것까지는 없다지만 할 수 있는 한 최대한 단정하게 입는다고 생각하는 게 좋다. 적어도 청바지에 티셔츠는 넣어두자.

너무 튀는 색의 옷이나 지나치게 화려하거나 노출이 많은 옷을 입는 것도 결례다. 결혼식의 주인공은 신랑과 신부, 그중에서도 신부를 일 순위로 친다. 주인공을 돋보이게 하는 조연 역할에 충실해야 하는 게 하객의 의무 중 하나다. 특히 신부의 웨딩드레스와 겹치는 흰색, 아이보리색 계열의 원피스나 치마 등은 절대로 피해야 한다. 화려한 장신구도 마찬가지다. 그렇다고 장례식장처럼 온통 검은색 일색일 필요는 없다. 무난한 색이나 연한 파스텔 톤도 나쁘지 않다. 드레스 코드가 있는 예식이라면 거기에 따른다.

지각은 금물, 친구보다 웃어른께 인사 먼저

결혼식장에는 언제 도착해야 할까? 정해진 법은 없지만 예식 시작 30분 전에는 도착하는 걸 목표로 삼기를 권한다. 늑장을 부렸다가는 일생에 단 한 번뿐인 친구나 지인의 예식을 놓치는 큰 결례를 범할 수도 있다. 성당이나 호텔같이 예식 시간이 비교적 넉넉한 곳이 있는가 하면 일반 예식장 중에는 15분 만에 전체 예식이 끝나 버리는 곳도 있다. 평소처럼 마음 놓고 움직였다가 도로라도 된통 막힌다면 난생처음 보는 신랑, 신부의 결혼식이 진행될 때 도착할 수도 있다.

일찌감치 예식장에 도착했다면 신랑, 신부의 부모님과 가족에게 인사드리는 게 먼저다. 신랑과 신부를 모두 아는 경우라면 양측 모두 인사하는 게 당연하고, 그렇지 않다면 자신의 지인 측 가족에게만 인사하면 된다. 신랑, 신부의 가족은 결혼식 시작 전 예식장 입구 양쪽에 서 있는 게 보통이다. 부모님과 형제자매가 나란히 서서 손님을 맞는다. 신랑은 가족과 함께 서 있고, 신부는 신부 대기실에 있다.

신랑 측 지인이라면 신랑이 자연스럽게 부모님과 가족에게 소개를 해줄 수도 있겠지만, 여러 사람을 맞이하다 보면 미처 신경을 쓰지 못할 경우도 생긴다. 부모님과 서로 알고 있는 경우라면 "아버님(어머님), 축하드립니다." 하고 먼저 인사드리는 게 좋다. 부모님이 나를 모른다면 신랑과의 관계를 덧붙여 인사한다. "안녕하세요. 주영이 친구 김재현이라고 합니다." "안녕하세요. 주영 씨 직장 동료 유진선이라고 합니다. 아드님 결혼을 축하드립니다." 정도면 무난하다.

신부 측 지인일 경우도 마찬가지다. 신부는 주로 신부 대기실에 있으니 가족을 소개해 줄 수 없다. 먼저 나서서 인사드리는 게 예의다. 신부와는 부모님과 가족에게 인사드린 후 신부 대기실에 가서 인사를 나눈다. 신부의 가까운 지인이나 친구라면 함께 사진 촬영을 하는 경우도 흔하다. 준비된 사진사가 찍어주기도 하고 서로서로 휴대전화로 찍기도 한다. 이럴 때도 약간의 센스가 필요하다. 신부에게 인사하러 온 다른 손님에게 눈치껏 순서를 양보해 기다리는 사람이 없도록 배려한다. 앞서 강조했지만, 결혼식의 주인공은 신부다. 내가 많이 찍히기보다는 신부를 많이 찍어주자. 신부 곁에 앉거나 서서 함께 사진을 찍을 때는 웨딩드레스가 구겨지거나 상하지 않도록 주의한다.

신랑 측 지인도 신부를 알고 있는 경우나 신랑의 친한 친구라면 신부 대기실에 찾아가 인사하는 게 좋다. 인사말로는 "결혼 축하드립니다." "결혼 축하드려요."가 표준이고 이때만큼은 신부의 외모를 칭찬하는 것도 좋다. 일생에 단 한 번, 공들인 신부 화장에 화려한 드레스를 입고 주인공이 되는 날인 만큼 한껏 부풀린 칭찬도 용납된다. "오늘 너무 아름다우세요." "제가 본 신부 중에 최고로 예쁘십니다." 등등 약간의 넉살도 나쁘지 않다.

결혼식 날 신랑, 신부와 그 가족은 바쁘다. 맞이할 손님도 많고 챙겨야 할 것도 많아서 정신이 하나도 없다. 굳이 붙들고 긴 인사를 나누거나 이런저런 질문을 하는 것도 실례다. 정중하고 짧은 인사말이면 충분하다. 내 지인의 배우자에게 실례가 될 만한 질문을 하는 것도 주의해야 한다. 덩달아 들뜬 마음도, 친해지고 싶은 마음도 이해하지만, 나와 친한 건 내 지인이나 친구지 그의 배우자가 아니다. 처음이거나 몇 번 본 적도 없는 사이에 나이, 직업, 학벌, 가족사 등을 묻는 건 무례한 행동이다.

축의금은 적당한 타이밍에

축의금 내는 곳은 예식장 입구 양쪽으로 신랑 측과 신부 측으로 나뉘어 마련돼 있다. 부조금扶助金이란 말도 쓰는데, 장례식장에서 내는 돈을 부를 때도 쓰인다. '부조'에는 잔칫집에 보내는 돈이란 뜻과 함께 상가에 보내는 돈이라는 의미도 포함된다.

축의금은 사실 신랑, 신부와 가족에게 인사드리기 전에 내거나 인사한 후에 내도 상관없다. 현장에서 상황에 맞춰 눈치껏 내면 된다. 예를 들어 축의금을 내기 전에 먼저 눈이 마주쳤다면 인사부터 하고, 다른 손님을 맞이하느라 경황없어 보인다면 축의금을 먼저 내고 인사하러 가면 된다.

현금과 봉투는 미리 준비하는 게 가장 좋다. 예식장에는 대부분 현금인출기가 있지만 간혹 없을 수도 있고, 고장나거나 현금이 떨어질 경우도 있으니 곤란한 상황은 되도록 피하는 게 상책이다. 대개 봉투는 축의금을 내는 곳에 마련돼 있고, 봉투 뒷면 왼쪽 하단에 소속과 이름을 세로로 적는다. 잘 아는 사이에는 이름 석 자만 적는 경우도 많은데, 동명이인이 있다든가 결혼식 후 신랑, 신부 가족이 축의금을 정산할 때 누구의 손님인지 파악하기 어려울 수도 있으니 아래와 같이 가급적 관계를 적는 게 좋다. 봉투 왼편에 한 줄로 쓰거나 이름을 왼쪽에 쓰고 붙여서 오른쪽에 소속을 쓴다.

- 신랑(신부) 친구 김재현
- 동강기획 김재현 대리
- 신랑(신부) 선배 유진선

봉투 앞면 중앙에 한자로 축결혼祝結婚, 축화혼祝華婚, 축성혼祝成婚 등을 적기도 하는데 꼭 그럴 필요는 없다. 예식장에 준비된 봉투에 미리 인쇄된 경우도 많다. 축의금을 낸 다음 방명록에도 세로로 소속과 이름을 적는다. 식권은 대부분 축의금을 내는 곳에서 나눠주며 보통 축의금을 받는 사람이 "식권 몇 장 필요하세요?" 하고 묻는다. 안 물어보면 필요한 만큼 얘기하고 받는다.

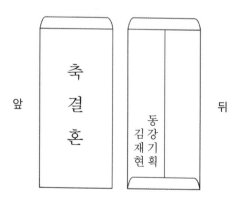

결혼식장

식장에서도 센스 있게

예식장에 들어가면 보통 신랑과 신부 측 하객이 좌우로 나눠 앉는데 이때 약간의 센스를 발휘해 보자. 한쪽에만 사람이 바글바글하고 한쪽은 듬성듬성 빈자리가 많다면 하객이 적은 쪽은 어쩐지 민망하기 마련이다. 내 지인 쪽 자리를 고집하기보다는, 상대적으로 하객이 적은 쪽에 앉아 좋은 분위기를 만드는 데 일조하는 센스 있는 하객이 돼보자.

축의금만 내고, 혹은 예식이 시작되는 것만 보고 자리에서 일어나 식당으로 향하는 경우도 많다. 그럴 만한 사정이 있는 게 아니라면 되도록 그러지 말자. 전체 예식을 경건한 마음으로 지켜보고, 예식의 마지막 새로운 삶의 여정에 첫발을 내딛는 두 사람의 행진에 진심을 담아 축하와 격려의 박수를 보내주는 게 의젓하고 예의 바른 하객의 자세다.

경건한 예식인 만큼, 또 초대받은 하객이자 어른인 만큼 결혼식이 진행되는 동안은 되도록 입을 다물자. 사회며 주례사를 경청하는 다른 하객을 방해할 수도 있고, 그게 어떤 예식이든 진행되는 동안 시끄럽게 떠드는 건 코흘리개들이나 하는 짓이다. 옆 사람과 신랑이나 신부에 대한 이야기를 주고받는 것도 참아야 한다. 신랑, 신부의 과거라든가 결혼 준비 과정에서 있었던 일, 집안 얘기 등을 늘어놓는 경우가 있는데, 이 점은 절대 잊지 말자. 전후좌우 모두가 신랑 아니면 신부의, 아니면 그들 가족의 친척이거나 지인들이다. 별생각 없이 내뱉은 말이 돌이킬 수 없는 사태를 불러올 수도 있다.

사진이나 영상을 찍겠다고 자리에서 일어나 뒷사람의 시야를 가리는 것도 결례다. 미리 스냅 사진을 찍기로 역할이 정해진 경우가 아니라면 사진을 찍기 위해 단상 가까이 다가가는 것도 하지 말아야 할 행동이다. '메인 사진사'의 촬영 동선을 방해해 결혼사진을 망치는 어마어마한 결과를 부를 수도 있다. '서브 사진사' 역할을 맡았더라도 현장에서 메인 사진사와 미리 동선을 협의하고 최대한 방해되지 않게 촬영한다.

환자에게 전하는 위로와 희망의 언어

잦은 일은 아니지만, 누구나 살면서 한 번쯤은 병문안을 가게 된다. 가까운 사람이 다치거나 병을 앓을 수도 있고, 집안 어른을 비롯해 깍듯이 예의를 갖춰야 할 누군가가 지병으로 투병 중이어서 찾아뵙는 게 도리인 상황도 생긴다.

병문안病問安의 사전적 의미는 '앓고 있는 사람을 찾아가서 병세를 알아보고 위안하는 일'이다. '앓는 사람을 찾아가 위로함'이란 의미의 문병問病과도 같은 의미다. 어떤 말을 쓰든 핵심은 '위로'에 있다. 따뜻한 말과 행동으로 괴로움을 덜어주거나 슬픔을 달래주는 것이 병문안의 목적이다.

아주 가까운 사이라면 아픈 사람과도 농담을 주고받을 수 있겠지만, 대부분의 경우에는 어울리지 않는다. 분위기가 너무 가라앉아 있다고 해서 그걸 띄우려는 괜한 짓은 하지 않는다. 몸이 아프면 마음이 약해지고 신경도 날카로워지기 마련이다. 무심코 내뱉은 말에 쉽게 상처받을 수도 있다. 여느 때보다 사려 깊은 인사말이 필요한 건 물론이고 가급적 긍정적이고 희망적인 말을 하는 게 좋다.

무작정 찾아가는 건 실례

병문안은 언제 가는 게 좋을까? 중병으로 입원했거나 수술을 한 경우라면 아주 가까운 사이가 아닌 이상 조금 기간을 두고 방문한다. 병문안을 와주는 건 고마운 일이지만, 아픈 사람이라도 경황 없고 초췌한 상태로 손님을 맞는 건 그다지 달갑지 않은 일이다. 환자가 어느 정도 회복해 기운을 차렸을 때나 입원했다면 1~2일, 수술을 했다면 2~3일 후에 방문하길 권장한다.

요즘은 병원에 따라 직계가족 외에는 면회를 제한하는 곳도 많고 면회할 수 있는 시간이 정해져 있는 경우가 대부분이다. 병문안에 앞서 면회 가능 여부부터 확인해야 한다. 환자가 검사나 치료를 받느라 면회가 어려울 수도 있다. 무작정 찾아가기보다는 환자 본인 또는 보호자를 통해 방문 시간을 약속하는 게 좋다. 코로나19 사태를 겪으면서 우리 사회는 호흡기 감염에 무척 예민해졌다. 병원을 포함한 의료기관은 더더욱 그렇다. 병원에는 여전히 손소독제가 비치된 곳이 많다. 병실에 들어서기 전에 손을 소독하거나 씻는 게 예의다. 필요하다면 일회용 마스크를 착용하는 것도 요즘 분위기에선 과하지 않다.

병문안을 꼭 해야 할 사람인데 면회가 불가능한 상황이라면 보호자라도 만나서 마음을 전하는 게 한 방법이다. 약속하고 찾아갔더라도 예정에 없던 검사나 진료로 환자를 만나지 못하는 경우도 생긴다. 환자가 잠들었을 수도 있다. 마냥 기다릴 수 없다면 보호자나 간병인에게 신분을 밝히고 대신 인사를 전해 달라고 부탁하는 게 최선이다. 누구라고 알린 뒤 "몸조리 잘하시라고 전해주십시오." "다녀갔다고 전해주세요." "기운 내시라고 전해주십시오."와 같이 부탁할 수 있다.

처음 환자를 대했을 때 인사말은 "좀 어떠십니까?" "좀 어떠세요?"가 가장 무난하다. 병이 아니라 예상치 못한 사고로 다친 경우라면 "불행 중 다행입니다." "그만해서 다행입니다." "얼마나 놀라셨습니까?" "많이 놀라셨죠?"와 같은 인사말을 적절히 쓸 수 있다. 보호자에게는 앞의 인사말과 더불어 "고생이 많으십니다." "힘드시겠지만 기운 내십시오." 하고 인사할 수 있다. "안녕하세요?"는 절대 금물이다. 장례식장과 마찬가지다. 아픈 사람과 그를 보살피는 가족은 전혀 안녕하지 않다.

병문안은 짧고 굵게, 말은 골라서

어디서 어떻게 다쳤는지, 상처 부위가 어디인지, 얼마나 다쳤는지, 병을 언제부터 얼마나 앓았는지 등등 환자의 병력病歷이나 상태를 꼬치꼬치 캐묻는 것은 금물이다. 그게 뭐 좋은 일이라고, 자세히 알아야 할 필요가 전혀 없다. 비단 질병이나 사고와 관련된 게 아니어도 떠올려서 좋을 것 없는 기억이나, 굳이 알리고 싶지 않은 개인적인 이야기를 끄집어내게 만드는 건 대부분의 경우 실례다. 병문안을 마쳤다면 아래와 같이 인사하는 게 일반적이다. 쾌차快差와 쾌유快癒는 둘 다 '병이나 상처가 깨끗하게 나음'이란 의미다.

- 몸조리 잘하십시오.
- 쾌차하시기 바랍니다.
- 쾌유를 빕니다.
- 어서 일어나시길 바랍니다.

환자에게 뭘 선물할까?

병문안을 갈 때 꽃을 선물하는 건 그다지 좋은 선택이 아니다. 꽃가루로 인한 알레르기나 호흡기 자극을 우려해 아예 병실에 생화를 들이지 못하게 하는 병원도 많다. 그렇지 않더라도 살아 있는 꽃은 누군가가 돌봐야 한다. 아프고 거동이 불편한 환자와 환자를 돌봐야 하는 보호자에게 괜한 짐이 될 우려가 크다.

꽃보다는 음료나 과일, 간단한 간식류가 적당하다. 환자가 먹을 수 없더라도 보호자를 위한 간식이나 손님 접대에 쓸 수 있어서 실용적이다.

생필품이라든가 환자에게 필요한 게 있는지를 미리 물어보고 병문안 선물을 준비하는 것도 한 방법이다. 병실에 다른 환자들이 있다면 가능한 한 조용히 이야기하고 환자와 보호자가 쉴 수 있도록 병문안을 짧게 끝내는 게 예의다.

사적인 공간에 어른답게 발 들이는 법

어렸을 땐 친구네 집을 제집처럼 드나들기도 했지만 어른의 세계에서는 결례다. 사적 공간에 발을 들이려면 반드시 초대나 허락을 받아야 한다. 하긴 초대가 꼭 집으로 부르는 걸 의미하는 건 아니다. 초대招待의 사전적 의미는 '어떤 모임에 참가해 줄 것을 청함' '사람을 불러 대접함'이다. 음식점에서의 식사나 술자리에 나오라고 부르는 것 또한 일종의 초대다. 캠퍼들 사이에서도 캠핑장으로 손님을 초대해 즐기는 '초대 캠핑'이 하나의 문화로 자리 잡은 지 오래다. 그렇게 따져보면 우리는 꽤 잦은 초대에 부응하며 살아간다.

친구나 아주 가까운 사이의 초대라면 예의를 차리거나 크게 신경 쓸 게 없다. 하지만 직장 선후배나 동료처럼 잘 알고 지내긴 해도 막역하지는 않은 사이라면, 또 초대받은 집에 초대한 사람의 배우자나 부모님이 함께 계신 경우라면 어떨까? 아무리 가까운 사이라도 지켜야 할 예절이 있기 마련이다. 기본은 집이라는 공간 자체를 '함부로 해선 안될 소중한 남의 것'으로 여기는 태도다.

집들이에 초대받았다면

집으로 지인들을 초대하는 대표적인 경우 중 하나는 '집들이'다. 이사를 한 후에 지인을 불러 집을 구경시키고 음식을 대접하는 일을 말한다. 보통 아주 가까운 사이에서 초대가 이뤄지긴 하지만 가족이 함께 있을 수 있고, 앞서 짚어봤듯 가장 사적인 공간에 발을 들여놓는 것인 만큼 주의할 것이 있다. 거리낄 것 없이 막역한 사이라고 멋대로 굴었다가는 초대한 이들의 기분을 상하게 하거나 친한 친구 또는 지인의 배우자에게 무례한 사람으로 낙인찍힐 수 있다.

먼저 허락도 없이 집을 구석구석 들여다보는 건 실례다. 옷장이나 서랍, 냉장고 등을 마구 열어보는 건 최악이다. 다른 사람의 가방이나 호주머니를 뒤지는 것과 다를 게 없다. 집주인이 집 구경을 시켜주면 간단히 둘러보자. 정 궁금하면 "집 구경 좀 시켜주세요." 하고 부탁한 뒤 가볍게 둘러본다.

집의 위치나 구조, 크기, 인테리어 등에 대한 부정적인 평가 또한 금물이다. 너무 당연한 말 같지만, 안 해도 될 말을 굳이 하는 무심한 사람이 간혹 있다. "셋이 살기는 조금 좁겠다." "오다 보니 정류

165

장에서 꽤 멀더라." "수납공간이 좀 부족한 거 아니에요?" "취향이 좀 독특하신 것 같아요." 하나같이 분위기를 망치는 쓸데없는 말이다.

가정에서의 자리인 만큼 정장같이 너무 격식을 차린 복장을 갖출 필요는 없지만, 단정한 차림새에는 신경 쓰자. 친한 친구들끼리의 자리라면 반바지에 슬리퍼도 상관없겠지만, 기본적으로 남의 집에 방문할 때는 단정하고 깔끔한 복장을 갖추는 게 전통적인 예의다. 너무 꽉 끼는 바지나 짧은 치마처럼 움직이기 불편한 옷도 피한다. 식탁 의자가 아니라 바닥에 앉게 되는 상황도 미리 고려하자.

집들이에 초대받았다면 선물은 필수다. 처음 독립해 꾸린 집이나 신혼집, 꿈에 그리던 내 집 마련에 성공한 경우나 단순히 이사만한 경우라도 마찬가지다. 초대받은 이들이 절친한 사이라면 삼삼오오 돈을 모아 조금 값나가는 선물을 준비하는 게 기본처럼 자리 잡았다. 이 경우 보통 집주인에게 원하는 물건을 미리 물어본다. 개인적으로 선물을 준비하더라도 미리 물어보고 필요한 걸 사주는 게 좋고, 그렇지 않다면 크게 부담되지 않는 가격대에서 선택할 수 있는 소형 가전이나 도자기 제품, 장식품 정도가 적당하다.

취향을 미리 알고 있다면 거기 맞춘 선물을 고를 수 있겠지만 잘 모른다면 가급적 취향을 타지 않는 무난한 것을 고르는 게 좋다. 생필품의 경우 쓰는 것만 쓰는 사람이 의외로 많다. 당연한 말이지만 선물은 주는 사람이 아니라 받는 사람의 취향을 먼저 고려하는 게 상식이다.

세월이 흘러도 변하지 않는 집들이 선물의 고전은 두루마리 휴지와 갑 휴지다. 어차피 쓰는 생필품이고 크게 취향을 타지 않아서 유용하다. 두면 결국 쓰게 된다. 세탁 세제도 고전이지만 생각보다 취향을 타서 주의가 필요하다. 작은 화분이나 꽃다발, 와인도 괜찮은 선택이다. 이 밖에 커틀러리 세트나 디퓨저, 작은 거울, 블루투스 스피커나 스마트 전구 등도 집들이 선물로 인기 있는 품목이다.

꼭 집들이가 아니어도 집으로 식사 초대를 받은 경우라면 작은 선물을 준비하는 게 좋다. 어떤 이유로든 남의 집에 갈 때에는 빈손으로 가지 않는 게 우리 전통 예절이다. 집들이 선물과 마찬가지로 식사와 함께 즐길 수 있는 와인이나 전통주는 실패할 확률이 적은 선물로 꼽힌다. 초대한 이가 술을 마시지 않는다면 차茶 종류도 무난하다. 케이크나 마카롱 등 식사 후에 다 같이 즐길 수 있는 디저트류도 좋다.

센스 있는 손님은 인사말부터 다르다

초대받은 집에 방문했을 때의 인사말은 "안녕하세요. 초대해 주셔서 감사합니다." "좋은 자리에 불러주셔서 감사합니다." 정도가 적당하다. 초대한 당사자는 물론이고 집에 배우자나 부모님이 함께 있다면 다른 가족에게도 정중하게 인사하는 게 예의다. 인사말과 함께 간략한 자기소개를 더하는 건 필수다. "주영이 친구(선배) 김재현입니다." "김 대리(님) 직장 동료(후배) 유진선입니다." 하고 소개한다. 초대해 준 사람을 살짝 추켜세우는 말을 덧붙이는 것도 나쁘지 않다. "김 대리에게(님께) 도움 많이 받고 있습니다." "주영 씨가 일을 너무 잘해서 큰 도움 받고 있습니다." "너무 좋은 친구라 제가 많이 의지하고 있습니다." 등등 배우자나 부모님이 기분 좋을 만한 말을 센스 있게 더해 보자.

방문했을 때 한창 식사 준비 중이라면 "도와드릴 건 없을까요?" 하고 물어보자. 그런다고 실제로 뭘 시키지는 않겠지만 그게 예의다. 눈치껏 수저를 놓는다든가 물을 따라놓는 등의 작은 준비를 도울 수도 있다.

식사를 마친 뒤에도 마찬가지다. 빈 그릇을 주방으로 옮기는 등의 간단한 뒷정리를 알아서 돕는 게 어른의 처세다.

식사 중에는 음식에 대한 칭찬을 하는 것도 잊지 말자. "음식이 너무 맛있습니다." "음식 솜씨가 너무 좋으세요." 등의 간단한 인사말이 분위기를 부드럽게 만든다. "왜 식당 안 하세요?" "솔직히 엄마 밥보다 맛있습니다." "매일 와야겠는데요?"처럼 약간의 너스레를 떠는 것도 나쁘지 않다.

적당한 시간에 눈치껏 일어서는 것도 센스 있는 손님의 자세다. 초대한 사람이 이제 그만 가보시라고 말하기는 어렵다. 아무리 편하고 재미있어도 너무 늦은 시간까지 앉아 있는 건 실례다. 물론 밤늦도록 어울리는 게 당연할 정도로 아주 가까운 사이라면 얘기가 다르겠지만, 그게 아니라면 적당한 시간에 일어서자. 식사가 끝나고 디저트나 차 한잔 마실 시간 정도가 지났다면 적기다. "늦었는데 그만 일어나보겠습니다." "이제 가보겠습니다. 음식 장만하느라 고생하셨는데 얼른 쉬세요." 같은 말로 자리를 마무리 지을 수 있다.

집을 나설 때도 인사를

마지막으로 집을 나설 때에도 마무리는 인사다. 다음과 같은 인사말을 적절히 할 수 있다. 신세身世는 '다른 사람에게 도움을 받거나 폐를 끼치는 일'을 말하는데 남의 집에서 식사 대접을 받거나 머물렀을 때 일상적인 인사말로 자주 쓰인다.

- 초대해 주셔서 감사합니다.
- 덕분에 즐거운 시간이었습니다.
- 너무 잘 먹고 갑니다.
- 불러주셔서 고맙습니다. 다음에 또 뵙겠습니다.
- 신세만 지고 갑니다. 감사합니다.

성공적 초대를 위한 기본

내가 초대하는 입장이어도 신경 쓸 것이 많다. 누군가를 집으로 불러 식사를 대접하는 건 생각보다 간단한 일이 아니다. 친한 친구라면 몰라도, 꼼꼼하게 신경 써 준비하지 않고 손님을 초대했다가는 서로 불편한 시간만 보내고 안 좋은 기억을 남기기 쉽다.

청결은 기본이다. 식자 자리를 비롯해 화장실이며 집 안 구석구석을 깨끗하게 유지해야 한다. 어수선하고 지저분한 집에 들어선 손님은 '괜히 왔나…' 하는 생각이 들기 마련이다. 청결에 민감한 사람이라면 뜻밖에 괴로운 시간을 견뎌야 할 수도 있다.

식사 준비 시간도 잘 관리해야 한다. 상차림 시간이 길어지면 손님은 안절부절 초조해진다. 손님이 도착했을 때는 모든 게 준비돼 있어서 기다리지 않게 하는 게 예의다.

집으로 찾아온 손님을 맞을 때는 "어서 오십시오." "어서 오세요." 가 기본이다. 이 밖에도 아래와 같은 인사말을 적절히 쓸 수 있다.

• 와주셔서 감사합니다.

- 멀리 오시느라 고생하셨어요.

- 환영합니다. 어서 들어오세요.

- 잘 오셨어요. 편하게 쉬다 가세요.

    손님이 겉옷을 걸어놓을 옷걸이와 가방 등 소지품을 놓아둘 자리도 미리 마련해 놓고 안내하면 센스 있는 집주인이 될 수 있다.

    손님의 자리는 가급적 주방에서의 동선과 겹치지 않는 방향의 편안한 자리로 마련한다. 집 안에 들어서면 바로 자리를 안내해 손님이 엉거주춤 서 있지 않도록 배려하자.

    손님이 준비한 선물을 건넨다면 적절한 인사말과 함께 받는다. "그냥 오셔도 괜찮은데." "뭘 이런 걸 다 사 오셨어요?"와 같은 전통적인 겸양에 더해 "안 그래도 필요했는데, 너무 감사합니다." "너무 예쁜데요?(맛있겠는데요?) 고맙습니다." "잘 쓸게요. 선물 고르는 센스가 너무 좋으세요." 같은 말을 붙이는 것도 좋다.

손님을 맞을 때 고려할 것

음식을 준비할 때는 손님의 식성을 고려하는 게 기본이다. 특정 식재료에 알레르기가 있거나 먹지 않는 게 있지는 않은지를 가능한 한 미리 파악하고 메뉴를 고려한다. 점차 늘고 있는 비건을 비롯한 다양한 취향을 파악해 채식 또는 글루텐 프리 메뉴를 따로 준비하는 것도 좋다.

식사 직전에는 "맛있게 드세요." "차린 건 없지만 많이 드세요." "입맛에 맞으실지 모르겠습니다."와 같은 인사말을 건넨다. 저녁 식사라면 식사에 곁들일 와인이나 전통주를 준비해 권하는 것도 괜찮다. 이때 술을 마시지 않는 손님이 있진 않은지 반드시 확인하고 그들을 위한 음료를 마련한다.

손님이 어색하지 않도록 가벼운 대화를 이끌어 가는 것도 초대한 집주인의 몫이다. 대화가 끊긴다면 술이나 음료를 권하면서 마실 것에 관한 이야기를 가볍게 풀어보는 것도 나쁘지 않다. 준비한 술과 음료에 대한 간단한 설명도 좋고, 무엇을 좋아하는지, 즐겨 마시는 것이 있는지 물으며 대화를 이어갈 수 있다. 식사 중에도 준비한 음식을 간략하게 설명하면 이야기를 이어나가는 데 도움이 된다.

취미나 관심사는 대화 주제의 고전이다. 즐겨 하는 취미 활동이 있는지, 좋아하는 운동이 있는지, 재미있게 본 책이나 영화, 드라마는 무엇인지, 어떤 음악을 즐겨 듣는지 등이 무난하다.

식사가 끝난 뒤, 설거지나 뒷정리는 나중에 하는 게 좋다. 손님이 편안하게 쉴 수 있도록 배려하는 차원에서다.

손님이 돌아갈 때는 보통 현관문 앞까지 배웅한다. 단독주택이라면 몰라도 공동주택이 대부분인 요즘 주거환경에서 굳이 바깥까지 배웅할 필요는 없다. 늦은 시간이라면 문밖까지 나와 인사를 나누는 게 복도를 공유하는 이웃에 폐가 될 수도 있다. 배웅하는 인사말로는 "와주셔서 감사합니다. 안녕히 가세요." "덕분에 즐거운 시간이었습니다." "만나서 반가웠습니다. 또 오세요." "다음에 또 뵙겠습니다. 조심히 들어가세요." 등이 적당하다.

4부

'일잘러'가 되기 위한 첫걸음

—사회생활의 기본은 일의 언어를 배우는 것

존중을 담은 사회생활 호칭법

학창 시절엔 호칭에 크게 신경 쓸 일이 없다. 동갑내기나 손아 랫사람이면 이름을 부르고, 나이가 더 많으면 형, 누나라고 부르면 크게 문제 될 게 없었으니까. 윗사람도 연령대에 따라 아저씨, 아줌 마, 할아버지, 할머니면 됐고 부모님의 친구 또는 부모님과 연배가 비슷한 지인은 삼촌, 이모로 부르는 게 일반적이었다.

하지만 성인이 된 이후엔 조금 달라진다. 친분을 벗어나 맺게 되는 관계가 생긴다. 과제나 프로젝트 때문에, 업무 때문에, 누군가 를 대신해서 등등 여러 이유로 몰랐던 사람을 만날 일이 생기고 싫 든 좋든 관계를 이어가야 할 상황을 만나게 된다. 편하게 서로 이름 을 부르거나 형, 누나로는 부를 수 없는 관계. 도대체 어떻게 불러 야 할까?

사회생활에 유용한 '– 님'의 쓰임

업무상 관계로 만나 직함이 있는 경우라면 어려울 게 없다. 대리님, 과장님, 부장님 식으로 직함 뒤에 '님'을 붙이면 만사 해결이다. 하지만 회사원이라도 직급이 없는 경우가 있고, 업무상 만남이 아니라면 호칭이 마땅치 않을 때가 있다. 하지만 이런 경우라도 '님'은 유용하다. 어디에 가져다 붙여도 쓰임새가 좋다. '님'만 기억하고 있어도 사회생활에서의 호칭 문제가 대부분 해결되고, '님' 자만 잘 붙여도 호칭으로 인한 실수나 결례를 대부분 피해 갈 수 있다.

'님'의 사전적 의미는 '그 사람을 높여 이르는 말'이다. 사실 '씨'도 같은 의미인데, 정서상 윗사람에게는 쓰지 않는다. '씨'의 사전적 의미 또한 '그 사람을 높이거나 대접하여 부르는 말'이지만 대체로 동료 또는 아랫사람에게 쓰는 게 일반적이다. '님'과 마찬가지로 이름 뒤에 붙여 '강주영 씨'라고 부를 수 있지만, 나이가 확연하게 적거나 비교적 가까운 사이가 아니라면 '강주영 님'이라고 하는 게 여러모로 유리하다. 상대방에게 불쾌한 느낌을 줄 가능성이 상대적으로 적다.

한국 사회에는 여전히 수직적, 권위적 조직 문화가 남아 있지만, 그런 분위기가 부정적으로 인식되기 시작한 건 이미 오래전 일이다. 이미 많은 기업이 서로를 직급으로 부르는 대신, 직위 고하를 막론하고 서로 이름 뒤에 '님' 자를 붙여 부르는 문화를 도입해 시행 중이다.

나이가 많고 직급이 높다고 아랫사람을 하대했다가는 꼰대 취급을 받거나 무례한 사람이란 인상을 심어준다. 'OO 님'이라고 부르는 게 익숙지 않을 수 있지만, 호칭이 마땅치 않다면 한번 시도해보자. 입에 붙으면 의외로 편하게 부를 수 있고 서로 존중하는 의미로도 좋은 방식이다. 이미 많은 기업과 모임 등에서 쓰이고 있어 생각보다 훨씬 거부감 없이 받아들여진다.

직함이나 이름에만 쓰이는 건 아니다. 형이나 누나 뒤에 붙어 형님, 누님으로도 쓰인다. 나이 차가 어지간한 윗사람에게 좀 더 친근하면서도 예의를 차린 호칭으로 쓸 수 있다. 형님, 누님은 초면이나 아직 서먹한 관계에선 소금 부담스러울 수도 있으니 어느 정도 관계가 형성된 다음에 시도하는 게 좋다.

호칭이 애매하면 '선생님'으로

'선생님'도 호칭이 애매할 때 쓸 수 있는 좋은 대안이다. '선생'은 교사, 즉 학생을 가르치는 사람이란 의미도 있지만 나이가 어지간히 든 사람을 대접해 이르는 말, 성이나 직함에 붙여 남을 높여 이르는 말이라는 의미도 함께 가진다.

학창 시절 내내 교사를 선생님이라고 불렀기 때문에 갓 성인이 됐을 때는 누군가를 선생님이라고 부르는 게 어색할 수도 있다. 하지만 사회에서는 오래전부터 통용된 호칭이다. 성이나 이름 뒤에 붙여 '유 선생님' '유진선 선생님'이라고 부르면 제법 예의를 갖춘 호칭이 된다. 나이 지긋한 어르신에게 쓰기에도 좋다.

선생님은 아예 이름도, 직함도 모르는 상황에서도 쓸 수 있어 더욱 유용하다. 모르는 사람이라고 무작정 '아줌마' '아저씨'라고 부를 수도 없는 노릇. '아버님' '어머님'이란 호칭도 흔히 쓰이지만 결혼하지 않았거나 자녀가 없을 수도 있고 '내가 그렇게 나이 들어 보이나?' 하는 불쾌감을 주거나 부모에게 쓰는 호칭이라 거북할 수도 있으니 되도록 피한다.

직위와 직책의 차이

조직 사회 경험이 없는 사회 초년생이라면 회사의 직위 체계가 헷갈릴 수도 있다. 여기에 직책까지 더해지면 뭐라고 불러야 하는 건지 아리송한 경우도 생긴다. 사실 알고 보면 간단하다.

직위는 조직 내에서의 위치나 계급을 말한다. 흔히 알고 있는 과장, 부장 등이다. 회사 내의 서열이라고 생각하면 쉽다. 회사나 업종에 따라 조금씩 달라지기도 하고 선임, 책임, 수석 등의 다른 호칭을 쓰는 경우도 많지만, 여전히 대다수 기업에서 통용되는 일반적인 직위는 '사원→주임→대리→과장→차장→부장→이사→상무→전무→부사장→사장→부회장→회장' 순이다.

직책은 특정 업무나 역할에 대한 책임과 권한을 의미한다. 팀장, 실장, 본부장을 비롯해 프로젝트 매니저(PM), 마케팅 디렉터(MD) 등이 있다. 직책은 직위와 별개로 부여된다. 이를테면 차장이면서 팀장이거나, 부장이면서 본부장인 식이다. 이 또한 회사마다 다른데 보통은 '파트장→팀장→실장→본부장→CFO(Chief Financial Officer 최고 재무 책임자)→CEO(Chief Executive Officer 최고 경영

책임자)' 순이다.

　직책을 맡고 있는 경우 직위보다 직책으로 부르는 경우가 일반적이다. 부장의 직책이 마케팅 실장이면 부장님이 아니라 실장님으로 부르는 식이다. 군대에 갔다 왔다면 이해하기가 더 쉬울 수 있다. 이병, 일병, 상병, 병장, 하사, 중사, 상사, 소위, 중위, 대위가 직위고 분대장, 소대장, 중대장, 대대장 따위가 직책에 해당한다.

　직위, 직책과 함께 직함, 직급도 헷갈리기 쉬운 단어다. 직함의 '함'은 남의 이름을 높여 부르는 말인 '함자銜字'에 쓰이는 것과 같은 글자다. 쉽게 말해 이름이란 의미다. 그러니까 직함은 직위나 직책의 이름이라고 생각하면 된다. 앞서 설명한 직위인 사원~회장, 직책인 파트장~CEO가 모두 직함이다. 직급은 맡은 일의 등급을 말한다. 사실상 직위나 직책과 크게 구분되는 단어는 아니라 혼용하는 경우가 많다. 누군가 "직함이 어떻게 되십니까?" "직급이 어떻게 되세요?" 하고 묻는다면 뭐라고 불러야 하는지를 묻는 경우인 게 대부분이다. 회사에서 통용되는 직위나 직책을 알려주면 된다.

명함 교환이 첫인상을 결정짓는다

입사 후 첫 외부 미팅에 바짝 긴장한 강주영 신입사원. 회의 자료며 이동 동선, 옷차림까지 꼼꼼히 점검하고 직장 상사와 선배를 따라나섰다. '다른 회사 사람들에게 서툰 신입 티를 낼 수는 없지!' 굳게 다짐하고 회의실에 들어선 순간, 아뿔싸! 명함을 안 챙긴 걸 알아챘다. 부장님이 거래처 팀장에게 명함을 건네는 걸 지켜보자니 입술은 바싹 마르고 식은땀이 흐른다. "명함이 있었는데요, 없었습니다." 이런 농담, 먹힐 리가 없겠지?

명함은 사회생활에서 나를 알리는 가장 간결하고 명확한 수단이다. 별것 아닌 종잇조각이라고 대수롭지 않게 여길 게 아니다. 모르는 사람과의 첫 만남에서 주고받기 때문에 명함을 건네는 순간이 곧 첫인상을 결정짓는 순간일 수도 있다. 처음 만난 이에게 무언가를 주고, 또 받는 행위를 통해 서로의 태도와 예의를 가늠할 수 있다. 곧, 명함을 어떻게 다루냐에 따라 매너의 좋고 나쁨이 결정된다. 심한 경우엔 회사의 이미지까지 떨어뜨릴 수 있다.

명함 지갑을 장만하자

명함을 다루는 데 있어 가장 먼저 신경 써야 할 건 필요할 때 없거나 부족하지 않도록 챙겨두는 일이다. 미팅을 앞뒀다면 명함을 건넬 상대가 몇 명인지 미리 파악하고 조금 넉넉하게 준비해 두는 게 좋다. 상대 인원이 갑자기 늘어나는 등 혹시 모를 상황에 대비해 명함 지갑 외에 지갑이나 수첩, 다이어리 등에 늘 여분을 챙겨두는 것도 방법이다. 구겨지거나 더럽혀진 명함은 없는지도 미리 확인해 두자. 지저분한 명함을 받아 들고 기분 좋을 사람은 없다.

명함 지갑 얘기가 나왔는데, 사회생활을 시작하고 내 명함이 생겼다면 하나쯤 장만하는 게 좋다. 돈과 신용카드가 들어 있는 일반 지갑을 뒤적여 명함을 꺼내는 것도 썩 보기 좋은 모습은 아니다.

최악은 지갑도 아니고 호주머니에 아무렇게나 들어 있던 명함을 꺼내는 것. 정갈하고 꼼꼼한 인상과는 당연히 거리가 멀고 예의가 없어 보일 수 있다. 명함이 곧 내 얼굴이며 회사의 얼굴이란 마음가짐으로 격식 있게 명함 지갑에 보관하자.

짧은 순간 오가는 예의와 존중

처음 남에게 명함을 건네는 신입사원이라면 무척 어색할 수 있지만 뭐든 자꾸 하다 보면 익숙해지는 법이다. 오히려 명함을 주고받는 절차가 있어서 첫 만남이 덜 어색해진다는 걸 곧 알게 된다.

명함을 주고받는 데에도 순서가 있다. 하급자가 먼저, 방문한 사람이 먼저 주는 게 일반적이다. 직장 상사와 함께 하는 미팅이라면 상사가 먼저 명함을 교환한 뒤에 내 명함을 건네는 게 예의다. 명함은 가급적 일어서서 교환하고 받는 사람 쪽에서 인쇄된 글자가 똑바로 보이도록 건넨다. 양손, 또는 명함을 잡은 손을 다른 손으로 받쳐 공손하게 선달하고 글자를 가리지 않도록 명함 끝부분을 잡는다.

명함을 건네는 동시에 소속과 이름, 직급을 말하는 것도 기본 절차다. 이미 서로 소속을 알고 있는 경우라면 "사원 강주영입니다." "대리 유진선입니다."와 같이 이름과 직급만 간략히 밝혀도 무방하다. 명함을 받은 후에는 양손으로 들고 잠시 응시하며 소속과 이름, 직급을 다시 한번 확인한다. 조금 가식적인 것 같아도 그게 예의다. 상대방에게 정중히 관심 갖는 태도를 보이는 것도 업무의 일환이다.

받은 명함을 바로 어딘가에 집어넣기보다는 미팅하는 동안 테이블 위에 올려놓는 것도 좋다. 상대방을 존중하는 느낌을 주고 자칫 이름과 직급을 헷갈리는 실수를 막을 수 있다. 상대가 여럿일 경우 앉은 위치에 맞춰 테이블에 명함을 올려두면 누가 누구인지 파악하기도 수월하다.

미팅 중간에 참석하거나 어쩌다 보니 타이밍을 놓쳐 명함을 교환하지 못했다면? 미팅을 끝내고 하면 된다. 먼저 나서서 "인사가 늦었습니다. 사원 강주영입니다." 하고 말하며 명함을 건네보자. 이미 늦었다고 가만있는 것보다는 훨씬 센스 있는 직장인이 될 수 있다.

명함 관리에도 규칙이 필요하다

받은 명함을 잘 관리하는 것도 사회생활을 잘하는 방법 중 하나다. 시간이 지날수록 점점 쌓여가는 명함을 아무렇게나 뒀다가는 필요할 때 찾기도 어렵고, 자칫 이미 명함을 주고받은 상대에게 또 명함을 건네는 실례를 할 수도 있다. 미팅 후 바로 휴대전화 주소록에 저장하거나 시중에서 쉽게 구할 수 있는 명함집에 가지런히 보관하는 것도 한 방법이다.

사실 받은 명함이 많아지면 관리가 쉽지 않다. 업종별, 시기별 등 자신만의 규칙을 정해놓고 분류해 찾기 편하게 모아 두는 게 좋다. 명함에 업무와 관련해 기억해 둘 사항이나 상대방의 특징 등을 간략하게 적어두는 것도 좋은 방법이다. 뭐든 기억하기 좋은 방식을 찾으면 된다.

요즘은 명함을 휴대전화 카메라로 촬영해 명함 관리 애플리케이션에 등록해 관리하는 경우가 많다. 보기 좋게 정리되는 건 물론이고 누가 내 명함을 보관하고 있는지, 소속과 직급에 변동이 있는지 등을 알려주기도 해 명함 관리에 꽤 유용하다.

명함을 빠뜨렸다면?

아, 첫 외부 미팅에 명함을 깜빡한 강주영 신입사원을 잊고 있었다. 눈앞이 캄캄해진 상황, 이럴 땐 도대체 어떻게 해야 할까? 사실 솔직히 말하는 수밖에 답이 없다. 일단 상대의 명함을 받고, "사원 강주영입니다. 깜빡 잊고 명함을 준비하지 못했습니다. 죄송합니다." 공손히 사정을 설명하고 양해를 구하자. 함께 간 상사나 선배들의 꾸지람은 어느 정도 감수할 수밖에 없다.

입사한 지 얼마 되지 않아 명함이 나오지 않았거나 어쩔 수 없는 사정으로 명함을 준비하지 못했어도 마찬가지다. 솔직히 말하고 양해를 구하는 게 최선이다.

미팅에 명함을 깜빡했다면 회사 복귀 후 명함 이미지 파일을 보내는 것도 한 방법이다. 상대와 지속해 연락을 주고받아야 할 상황이라면 당연히 그래야 한다. "오늘 인사드린 출판사 클 사원 강주영입니다. 제 명함 이미지 보내드립니다. 미리 준비하지 못해 다시 한번 사과드립니다."와 같은 문자 메시지도 잊지 말자. 혹시 모를 상황에 대비해 명함 이미지는 미리 휴대전화에 저장해 두자.

서로 모르는 두 사람을 소개할 때

나는 두 사람을 다 알고 있지만, 그 둘은 서로 모르는 사이라 소개를 해줘야 할 때가 있다. 업무상 미팅일 수도 있고, 우연히 친구와 길을 걷다가, 혹은 가족과 마트에서 장을 보다가 직장 상사나 업무상 지인을 만날 수도 있다. 또는 식당이나 여행지에서 마주치기도 한다. 흔한 일은 아니지만 누구나 언젠가 한 번은 꼭 겪게 되는 상황인 만큼, 당황하지 않고 자연스레 둘을 소개하는 방법을 알아두는 게 좋다.

둘 다 편한 사이라면 여긴 누구고, 여긴 누구다, 소개 또한 편하게 할 수 있겠지만 직장 상사라든가 윗사람이 있는 경우라면 좀 더 예의를 갖춰야 한다. 서로 꼭 알아야 할 사이도 아니거니와 별일 아닌 것처럼 느껴져도 사소한 일에서 무례를 범하고 누군가의 기분을 상하게 하는 경우가 의외로 많다.

서로를 모르는 내 지인 A와 B를 소개해야 할 상황에서 기억해야 할 한 가지는 '더 어려운' 상대에게 먼저 상대를 소개한다는 원칙이다. 쉽게 말해 더 예의를 갖춰야 하는, 더 잘 대접해야 할 사람에게 먼저 상대를 소개하는 게 순서다. 풀어보면 나이가 더 많은 사람에게 나이가 어린 사람을, 선배에게 후배를, 지위가 높은 사람에게 지위가 낮은 사람을 먼저 소개하면 된다.

가까운 관계인 사람을 먼저 소개한다는 것도 잊지 말아야 한다. 이 또한 더 예의를 갖춰야 할 사람에게 먼저 상대를 소개한다는 점에서 같은 원칙이다. 손님에게 가족을 먼저 소개하고, 고객에게 직장 동료를 먼저 소개하는 식이다.

서로의 소개를 마친 뒤에는 두 사람이 서로 가볍게 인사하거나 명함을 주고받는 잠깐의 시간을 두고 하던 걸 하거나 갈 길 가면 된다. 깔끔하게 소개를 마쳤다면 사실 나머지는 그 둘이 알아서 한다.

우연히 만났다가 금세 헤어질 게 아니라 업무상 미팅 자리라고 해도 원칙은 같다. 사실 업무상 미팅이라면 A와 B가 서로 알아서 인사 나눌 가능성이 높으니 굳이 중간에서 소개할 필요가 없는 경우도 많다. 그렇더라도 먼저 간략한 소개를 하고 서로 인사를 나눌 수 있게 하는 게 어색한 분위기도 풀 수 있고 좀 더 자연스러운 모양새를 만드니 시도해 볼 만하다.

소개는 불필요한 정보는 제외하고 가급적 간결하게 한다. 그냥 친구면 충분한데, 중학교 때 만나 지금까지 제일 친한 친구라는 등의 군더더기를 붙일 필요는 없다는 뜻이다.

• 이쪽은 제 친구고요, 이분은 우리 회사 과장님이셔.

- 여기는 제 아내이고요, 이분은 같이 일하는 팀장님이셔.
- 이분은 출판사 클 조현주 부장님이시고, 이분은 저희 회사 홍경화 과장님이십니다.

이 정도면 충분하다.

악수는 비즈니스 예절의 기본이다

요즘 젊은 층에서는 잘 하지 않지만, 중장년층에선 여전히 악수하는 문화가 남아 있다. 굳이 왜 악수를 할까 싶을 수도 있지만 목례보다 좀 더 격식을 갖춘, 친근감을 더한 인사법이라고 보면 된다.

악수는 생각보다 오래전부터 전 세계에 걸쳐 사용된 인사법이다. 중세 유럽에선 기사들이 손에 무기를 들지 않았다는, 싸울 의사가 없다는 의미로 악수를 했다고도 전해진다. 세계 각국의 정상이 만나도 악수부터 나눈다. 나름 역사와 전통을 자랑하는 인사법인 거다. 오늘날 악수에는 단순한 인사와 더불어 감사, 격려, 환영, 화해 등등 다양한 의미가 담겨 있다.

그저 손을 맞잡고 살짝 흔드는 간단한 인사 같지만, 악수에도 나름 지켜야 할 원칙과 예절이 있다. 각국 정상이 모이는 자리에서 악수를 잘못해서 입방아에 오르내리는 경우를 심심치 않게 보게 된다. 악수하는 모습에서 상대방에 대한 마음가짐이 드러나기 때문이다.

손을 맞잡는 데도 원칙이 있다

악수는 윗사람이 아랫사람에게 권한다. 나보다 나이가 많거나 직급이 높은 상사에게 먼저 손을 내미는 건 큰 결례다. 이성 간에는 여성이 남성에게 권하는 게 일반적이다. 여성에겐 자칫 불필요하고 불쾌한 신체 접촉으로 느껴질 수 있으니 조심해서 나쁠 건 없다.

악수는 오른손으로 한다. 왼손잡이더라도 악수는 오른손으로 하는 게 원칙이다. 그럴 일은 거의 없지만, 윗사람이 별생각 없이 먼저 왼손을 내민 상황이라면? 나 역시 왼손을 내밀어 자연스럽게 넘어가는 센스를 발휘하자. 굳이 "악수는 오른손으로 하는 것 아닌 가요?" 같은 말을 하거나 원칙대로 오른손을 내밀어서 불편한 상황을 만들지 않는다.

어지간한 상황이 아니고선 악수를 거절하는 건 있을 수 없는 일이다. 악감정이 쌓이고 싸워야 할 상대가 아니고서야 마다할 명분이 없다. 평범한 인사와 마찬가지다. 인사를 안 받아주는 사람에 대한 평가가 어떤지는 누구나 잘 알고 있다. 악수를 거절하는 건 인사를 안 받아준 것보다 상대에게 더 큰 모욕감을 줄 수 있다.

실제로 악수하는 법

악수는 원래 한 손으로 하는 게 원칙이지만 우리나라에선 정서상 아랫사람이 한 손만 내밀어서 악수하는 게 무례해 보인다. 아랫사람이라면 오른손은 상대방과 맞잡되 왼손으로 오른손 손목을 받치거나 가슴께 올리고 허리를 살짝 숙여 정중한 자세를 취한다.

악수는 서서 마주 보고 하는 게 기본이다. 앉아 있을 때 악수를 청해 오면 일어서서 해야 한다. 눈은 상대와 맞추자. 다른 곳을 보면서 손만 내미는 건 안 하느니만 못하다. 결례도 그런 결례가 없다.

맞잡는 오른손에는 너무 힘을 줘서도 너무 힘을 빼도 안 된다. 1~2초간 가볍게 힘줘 잡았다가 놓거나, 위아래로 한두 번 흔드는 게 일반적이다. 악수한 상태로 긴 이야기를 나누는 건 예의도 아니고 어색한 상황이 될 수 있으니 피해야 한다.

당연한 얘기지만 악수한 직후에 손을 바지춤에 문질러 닦거나 하는 건 큰 결례다. 상대방의 손이 땀으로 축축해도 좀 참자. 앞서 말했듯 하기 싫어도 참아가며 예의를 차리는 게 사회생활이다.

악수는 입으로도 한다

악수를 할 때는 보통 간단한 인사말이 오간다. 악수를 권하는 사람이 별말 없이 여러 사람과 악수하는 경우라면 나 역시 아무 말 안 해도 되겠지만, 대부분 인사말과 함께 손을 건넨다. 이때 상대방의 말에 어울리는 인사말을 하는 게 포인트다.

"반갑습니다/반가워요/반갑네." 등에는 "반갑습니다."로, "잘 부탁드립니다/잘 부탁해요/잘 부탁하네" 등에는 "저도 잘 부탁드립니다."로 응대한다. "축하합니다."나 "수고 많았습니다." 같은 격려나 축하의 의미라면 "감사합니다."가 만능이다. "정보경입니다. 잘 부탁드립니다." 하는 식으로 자기소개와 함께 악수를 청할 수도 있다. 받는 사람도 똑같이 자신의 이름을 소개하며 인사하면 된다.

보통 악수는 처음 만났을 때 하지만 헤어질 때 인사로 하는 경우도 있다. 마찬가지로 "오늘 만나서 반가웠습니다/반가웠어요/반가웠네." 등에는 "저도 반가웠습니다."로, "오늘 시간 내주셔서 감사합니다."나 "안녕히 가세요." 등의 작별 인사말에는 "감사합니다."나 "또 뵙겠습니다." 같은 적절한 인사말을 쓸 수 있다.

보이지는 않아도 어디에나 상석이 있다

자리를 권하는 것도 예를 표한다는 점에서는 넓은 범주의 인사에 포함될 수 있다. 특히 서열이 분명한 조직 사회에서는 앉는 자리가 제법 중요한 의미를 갖기 때문이다. 상대방에게 되는 대로 아무렇게나 앉게 하거나 나부터도 그렇게 앉았다가는 자칫 난감한 상황을 겪을 수 있다.

생소하겠지만 어디에나 상석上席(윗사람이 앉는 자리)이 있다. 설령 동그란 원탁에 똑같은 의자가 놓여 있더라도 상석은 반드시 있기 마련이다. 하다못해 회식 자리나 더 가벼운 식사 자리에도 상석은 존재한다. 그게 무슨 의미인가 싶지만 어른들의 세계, 특히나 비즈니스의 세계에선 그렇다. 별것 아닌 것 같아 보이는 자리 하나에도 누군가는 기분이 상할 수 있다. 별생각 없이 윗사람을, 대접해야할 손님을 말석末席(맨 끝의 자리 또는 사회적 직위나 직장의 직위 따위에서 제일 낮은 자리)에 앉히는 건 큰 결례다.

상석을 파악하는 기준은 어렵지 않다. 가장 편안한 자리, 여유롭게 앉을 수 있는 자리가 바로 상석이다. 자세하게는 사람의 출입이나 소음이 적은 자리, 공간이 넉넉한 자리, 벽을 등지고 앉는 자리를 상석으로 친다. 창문이 있거나 그림 액자가 걸린 공간이라면 바깥 전망이 보이거나 그림이 보이는 자리가 상석이 된다.

승용차에도 상석이 있다. 윗사람이나 손님을 상석에 앉게 하는 게 예의지만, 상대방이 특별히 선호하는 자리가 있다면 억지로 고집할 필요는 없다. 승용차의 상석은 운전자에 따라 조금 달라진다. 운전기사가 따로 있는 경우라면 운전석과 대각선 방향, 그러니까 조수석 뒷좌석이 상석이고 조수석이 말석이다. 차 주인이 직접 운전하는 자가 운전인 경우에는 조수석이 상석이 된다. 이 경우 차석次席(상석 다음 자리)은 조수석 뒷좌석, 그다음은 운전석 뒷좌석이 된다. 말석은 당연히 뒷좌석 가운데 자리다.

열차라면 열차의 진행 방향이면서 바깥 풍경을 볼 수 있는 창가 자리가 상석이다. 비행기도 마찬가지다. 창가가 상석이다. 세 좌석이 놓인 경우 통로 쪽 좌석이 차석이고 가장 불편한 가운데 자리가 말석이다.

미팅에도 타이밍이 중요하다

업무상 미팅을 위해 다른 회사를 방문해야 할 때가 있다. 불편할 수 있는 상황이지만, 기본적인 예의만 숙지한다면 어렵지 않다. 잊지 말자. 저들에겐 내가 손님이다. 괜히 주눅들 필요가 전혀 없다.

미팅을 할 때는 반드시 미리 약속을 잡고 방문하는 게 기본이다. 불쑥 찾아가는 건 예의도 아니고 상대방의 업무를 방해하거나 곤란하게 만든다. 상대방의 상황에 맞춰 적당한 시간을 잡는 게 우선이다. 보통 방문에 적당한 시간대는 오후 2시~5시 사이다. 오전에 방문해야 한다면 10시~11시 사이가 무난하다. 출근 직후나 식사 시간 전후, 퇴근 시간 직전은 피하자. 숨 돌릴 틈 없이 미팅에 참석해야 하는 게 부담스럽기도 하고, 출근 직후는 업무 준비며 처리해야 할 일들로 바쁠 가능성이 높다.

사전에 식사를 함께 하기로 약속된 상황이 아니면 식사 시간에 쫓길 수 있는 시간대나 막 식사를 끝내서 개인 정비가 필요한 시간대에 만남을 청하는 것도 좋지 않다. 퇴근 시간을 늦출 수 있는 너무 늦은 시간대도 당연히 피하는 게 좋다.

미팅을 하고 마칠 때까지 정중하게

미팅 시 만나야 할 담당자의 이름과 연락처를 미리 숙지하는 것도 기본이다. 상대방 회사의 다른 직원이 먼저 응대해 방문 목적을 물을 수도 있고, 출입구에서 가까운 곳에 있는 직원에게 방문 목적을 미리 알리고 만날 사람에게 안내를 받을 수도 있다. "안녕하세요. 김재현 과장님(직함) 뵈러 왔습니다." 하고 방문 목적을 알린다.

약속 시간보다 늦을 상황이면 미리 전화해 양해를 구하고, 가급적 10분 전에는 도착하도록 이동 시간을 계산한다. 처음 만나는 경우라면 명함을 꺼내기 좋도록 준비하고, 테이블 위에 필요한 서류도 미리 꺼내 둬 대화 중에 찾느라 허둥대는 일이 없도록 한다. 정중하게 인사를 나누고 명함을 교환한 뒤 준비한 업무 이야기를 이어가면 된다.

시종일관 밝은 표정으로 경청하고 정중한 화법으로 대화하는 것 또한 잊지 말자. 본격적인 업무 대화에 앞서 간단한 스몰 토크는 긴장을 푸는 데 도움이 되지만, 업무와 관련 없는 이야기를 너무 길게 늘어놓는 건 외려 좋지 않다. 상대방의 시간을 너무 많이 뺏지 않는 것도 예의다.

미팅이 끝난 뒤에는 감사 인사로 마무리한다. 인사와 함께 업무와 관련된 간단한 당부나 향후 업무 일정을 덧붙이는 것도 괜찮다.

- 바쁘신데 시간 내주셔서 감사합니다.
- 만나 봬서 반가웠습니다. 연락드리겠습니다.
- 시간 내주셔서 고맙습니다. 그만 들어가 보겠습니다.

위와 같이 인사한 후에 아래와 같이 적절한 내용을 덧붙일 수 있다.

- 자료는 사무실에 돌아가는 대로 보내드리겠습니다.
- 말씀드린 자료, 잘 부탁드립니다.
- 그럼 다음 주 수요일(또는 ○○일)에 뵙겠습니다. (추후 미팅이 예정된 경우)

이메일도 편지다

이메일은 직장 안팎을 막론하고 업무 관계에서 가장 중요한 소통 수단이라고 해도 과언이 아니다. 요즘은 카카오톡과 같은 메신저를 통해 각종 파일을 주고받는 일도 흔하지만, 어느 정도 가까운 사이가 아니거나 미리 얘기되지 않은 상황이라면 사적인 영역에 침범하는 느낌이 있어 주의하는 게 좋다. 이메일에 비해 좀 가볍게 느껴지는 것도 사실이다. 더욱이 첨부하는 파일의 용량 제한이며 긴 내용을 전달해야 하는 상황에서도 이메일이 유리하다.

원래 사용하던 개인 이메일을 쓰는 경우도 있지만 대다수 회사가 자체 이메일을 갖고 있다. 입사와 함께 이메일 계정(ID)을 새로 만들게 되는데, 이때 학생 시절에 쓰던 식의 재미있는 단어나 별명 같은 걸 쓰기보다는 신중하게 결정할 것을 권한다. 회사 이메일 계정은 앞으로 관계 맺을 수많은 업무 파트너는 물론이고 회사의 상사들에게도 고스란히 드러난다. 생년월일 같은 개인정보를 포함하는 걸 피하고, 불러줬을 때 상대방이 알아듣기 편하도록 쉽고 짧게 만든다. 외국인과 소통이 잦은 회사라면 영문 이름이나 이니셜을 활용하는 것도 한 방법이다.

처음으로 누구나 이메일 주소를 갖게 된 1990년대에는 이메일과 '메일'의 성격이 크게 다르지 않았다. 이메일도 손 편지와 비슷하게 인식됐다. 꼭 업무상 필요에 의해서가 아니어도 안부를 묻고, 근황을 전하는 글을 적어 온라인 세상을 통해 부치곤 했다.

손 편지를 대강 아무렇게나 적어 성의 없이 부치는 사람은 없다. 연애편지는 물론이고 부모님께 또는 친구나 지인에게, 받는 사람이 누구든 하고 싶은 말을 공들여 꾹꾹 눌러쓰고, 잘못된 내용은 없는지 몇 번이고 살피고, 틀린 글자를 고쳐가며 정성 들여 한 통의 편지를 썼다. 봉투에 넣어 잘 봉하고, 우표를 붙여 부치는 과정까지 어느 것 하나 허투루 하는 법이 없었다. 받는 이에게 잘 도착해 잘 읽히기를 바라는, 또 언젠가 돌아올 답장을 기다리는 설렘까지 편지 한 통에 담긴 소중한 마음을 헤아려보기란 어렵지 않다.

시간과 공간의 제약 없이 글을 주고받을 수 있는 요즘은 상황이 전혀 달라졌다. 정성 들여 쓴 손 편지가 드물어진 건 오래고 이메일은 온갖 광고가 날아드는 마케팅 수단이자 업무 편의를 위한 창구 성격이 강해졌다. 하지만 여전히 이메일은 어느 정도 형식을 갖춰야 하는 '편지'다. 그 본질은 변하지 않았다.

편지를 대충 쓰는 사람은 없다

이메일 또한 편지의 본질을 갖췄으니 업무상 이메일이라고 해도 허투루 볼 게 아니다. 더욱이 이메일은 말과 달리 상대방의 메일함에 고스란히 보관된다. 무를 수도 없고 모르쇠로 발뺌할 수도 없다. 그런 일은 없어야겠지만 실수로 일에 문제가 생긴다면 옴짝달싹 못 할 증거가 될 수도 있다. 메일 쓰기에 가급적 신중해야 하는 이유다.

이메일 한 통이 보낸 사람의 인상을 좌우하기도 한다. 별것 아니라고 생각해 대강 써 보냈다가는 예의 없고 사리 분별 못하는 사람이 되기 쉽다. 어린 시절 인터넷 게시판에 적던 습관대로 '냉무(내용 없음)'나 '제곧내(제목이 곧 내용)' 같은 걸 썼다간 그야말로 큰일 난다. 실제로 무슨 큰일이 벌어지지는 않더라도 '정신 나간'이나 '요즘 애들' 따위의 수식이 붙는 수군거림을 피하긴 어렵다.

편지의 시작은 당연히 인사말

이메일도, 편지도 시작은 당연히 인사말이다. 첫인사도 건네지 않고 본론부터 시작하는 건 정 없고 예의 없고 여러모로 뭔가 없어 보인다. 기본은 받는 사람의 이름과 직함 뒤에 인사말을 붙이는 방식이다. 이어 자신의 소속, 직함과 이름을 밝히는 게 순서다.

- 이주민 부장님, 안녕하세요. 출판사 클 대리 강가연입니다.
- 김정원 선생님, 안녕하세요. 전화로 인사드린 출판사 클 사원 강주영입니다.

상대의 직함을 정확히 알지 못하는 상황이라면 '선생님'을 쓰는 게 무난하다. 이미 만나 인사를 나눈 적이 있거나 이메일을 보내기 전에 통화를 했다면 보내는 이의 이름과 소속, 직함을 밝히기에 앞서 '지난번 인사드린'이나 '전화로 인사드린' 등을 붙이는 것도 자연스럽다. 조금 더 친근한 느낌을 주는 건 물론이고 상대에게 나를 분명히 각인시키기에도 좋은 방법이다.

자주 연락을 주고받는 사이가 아니라면, 짤막한 인사말 다음에 바로 본론을 꺼내는 것보다 안부를 덧붙이는 것이 좀 더 정중하고 예의 바른 인상을 준다. 이때 날씨나 시기에 맞는 안부 인사를 적는 게 일반적이고 자연스럽다.

> 김정원 선생님(대리님/과장님/부장님), 안녕하세요. 출판사 클 사원 강주영입니다. 무더위에(추운 날씨에/긴 장마에/환절기에/코로나 시국에) 별 탈 없이 잘 지내셨는지요.

그다음부터가 본론이다. 이메일을 보내는 이유와 전할 내용을 조리 있게 쓰면 된다. 일시, 기한 등 중요한 부분에는 밑줄이나 볼드체를 써 강조하는 것도 좋다.

시간이 지나 읽었을 때 언제를 말하는 건지 헷갈릴 수 있는 '금일' '차주'와 같은 표현은 가급적 피하는 게 좋다. 날짜는 숫자로 명확히 적는다.

친구들 사이에서 익숙한 신조어나 줄임말은 금물이다. 맞춤법에 자신이 없다면 포털사이트에서 제공하는 맞춤법 검사기를 활용하는 것도 좋다. 별것 아닌 것 같아도 틀린 맞춤법 하나가 상대가 보는 내 수준을 깎아내리는 경우가 흔하다.

반대로 예의 바르고, 간결하고, 정확한 문장과 단어로 쓴 이메일 한 통이 반듯하고 일 잘하는 사람이란 인상을 줄 수 있다.

이메일의 언어

이메일로 부탁이나 문의를 비롯해 거절이나 지시 등 상대에겐 번거롭거나 비교적 부정적인 내용을 전해야 할 때가 있다. 이런 경우 가능한 한 상대방의 기분을 덜 상하게 하면서 말하는 약간의 기술이 필요하다. 당연히 요구할 수 있는 위치에 있고, 충분히 할 만한 요구더라도 가급적 부드러운 표현을 써서 손해 볼 건 없다. 이왕이면 상대방이 기분 좋게 받아들이는 게 업무의 진행이며 결과에도 긍정적 영향을 미칠 거란 건 쉽게 짐작할 수 있다.

이럴 때 유용한 기술이 앞에서 말한 '쿠션 화법'이다. 결국은 같은 말이라도 쿠션어를 적절히 활용하면 상대방을 배려한다는 느낌을 준다. 정중함도 더해져 거절이나 반박을 어렵게 하는 효과도 얻을 수 있다. 어려울 건 없다. 사실 누군가에게 정중히 뭔가를 부탁하거나 거절할 때 자주 쓰는 표현들이다.

요구 사항에 앞서 다음과 같은 문장을 붙이는 게 쿠션 화법의 기본이다.

부탁이나 지시에 사용하는 쿠션어

- 죄송합니다만,

- 번거로우시겠지만,

- 바쁘시겠지만,

- 힘드시겠지만,

- 수고스러우시겠지만,

- 갑작스러우시겠지만,

- 어려운 부탁인 줄 압니다만,

- 괜찮으시다면,

- 이해해 주신다면,

- 실례가 안 된다면,

거절할 때 사용하는 쿠션어

- 말씀은 감사하지만,

- 모처럼 말씀해 주셨는데,

- 유감스럽지만,

- 아쉽지만,

- 좋은 말씀이지만,

- 죄송하지만,

직설보다는 완충, 부정보다는 긍정의 언어로

쿠션어와 더불어 부정적인 표현보다는 가급적 긍정적 표현을, 명령어보다는 질문형으로 바꿔 쓰는 것 또한 업무를 원활하게 하는 기술로 꼽힌다. 부정적인 표현으로 일관된 말은 상대방의 기분을 상하게 한다. 명령하는 말투도 마찬가지다. 그걸 좋아하는 사람은 어디에도 없다. 거부감 정도가 아니라 반발심을 불러일으키기 마련이다. 아랫사람이 윗사람에게 보내는 이메일이라면 내가 쓴 문장이 너무 부정적이거나 명령조로 읽히지는 않는지 더욱 신경 써 살펴보는 게 좋다.

- 요청 작업 빨리 진행해 주세요. 내일까지는 주셔야 합니다.
→ 바쁘시겠지만, 요청드린 작업은 내일까지 끝내주실 수 있을까요?

- 그 아이디어는 아닌 것 같습니다.
→ 제안해 주신 아이디어도 좋지만, 이번 건에는 다른 아이디어

가 더 적합할 것 같습니다.

• 너무 바빠서 안 될 것 같습니다.
→ 죄송합니다만, 지금은 밀린 업무가 많아 도와드리기가 어렵습니다. 다음 기회에는 꼭 도움이 될 수 있도록 노력하겠습니다.

• 시간이 더 필요합니다. 기다려주세요.
→ 다른 업무와 병행하느라 일정이 늦어졌습니다. 죄송하지만 조금 더 기다려주실 수 있을까요?

• 그건 제 업무가 아닙니다.
→ 문의하신(의뢰하신/지시하신) 업무는 제 담당 분야 밖의 일인 것 같습니다. 번거로우시겠지만 (다른 담당자/다른 부서)에 문의해 보시는 게 어떨까요?

정중한 끝인사

이메일의 마무리는 시작과 마찬가지로 끝인사다. 일 처리를 잘 부탁드린다는 내용도 좋고, 내용이 긴 편이라면 긴 글을 읽어주셔서 고맙다는 내용도 나쁘지 않다. 계절이나 날씨, 특정 시기와 관련한 안부 또는 기원의 내용도 흔히 쓰인다. 맨 마지막에 붙이는 '감사합니다'는 한국 사회 전반에 통용되는 하나의 규칙처럼 생각해도 좋다. 무난한 끝인사로 이만한 게 없다.

일반적인 편지글에서는 마지막에 '강주영 올림' '유진선 드림'처럼 보내는 이의 이름을 적지만, 이메일에선 앞서 이름과 소속을 밝혔으니 굳이 또 적을 필요는 없다. 대부분의 이메일 서비스에는 서명 기능이 있다. 간략한 연락처 등을 기록한 서명이나 명함을 첨부하는 게 일반적이다. 이메일 끝인사로는 다음 문장이 적당하다.

- 긴 글 읽어주셔서 감사합니다. 회신 기다리겠습니다.
- 그럼 잘 부탁드립니다. 문의 사항이 있으시면 언제든 연락해 주세요. 감사합니다.

- 무더위에(추운 날씨에, 환절기에, 긴 장마에) 건강 유의하시 길 바랍니다. 감사합니다.
- 다가오는 추석(설)에는 (가족과 함께) 즐거운 시간 보내시길 기원합니다. 감사합니다.
- 편안한 주말 보내십시오. 감사합니다.
- 기분 좋은 하루 보내시길 바랍니다. 감사합니다.
- 협조에 감사드립니다. 좋은 소식 기대하겠습니다.
- 곧 뵙길 기대합니다. 행복한 하루 보내세요.
- 다음에 또 연락드리겠습니다. 편안한 저녁 시간 보내세요.

깔끔한 제목 달기

이메일을 보내기 전, 또 한 가지 중요한 게 바로 제목이다. 사실 제목을 쓰는 방식이 명확하게 정해져 있는 건 아니지만 인사말보다 앞서 상대방에게 노출되는 것인 만큼 신경 써 적는 게 좋다.

제목의 역할은 받는 이가 이메일의 내용을 한눈에 알 수 있도록 돕는 데 있다. 상대방이 '아, 누가 어떤 이유로 보낸 이메일이구나'를 쉽게 파악할 수 있다면 가장 좋은 제목이라고 할 수 있다. 물론 사전에 이메일을 보내기로 약속된 상태가 아니라면 제목만으로 내용을 짐작하긴 어려운 경우도 있다. 그럴 경우라도 적어도 누가 보냈는지 정도는 한눈에 들어오도록 적는다.

제목은 크게 이메일 본문의 내용을 간략하게 알리는 경우와 누가 보냈는지를 알리는 경우로 구분할 수 있다. 전자는 '회의자료 보내드립니다'. '요청하신 출고파일입니다' '11월 3주 행사 일정 안내입니다'처럼 알리고자 하는 내용이 무엇인지를 간략하게 적는 방법이다. 후자는 '동강기획 사원 강가연입니다' '출판사 클 부장 박정영입니다'처럼 누가 보낸 것인지를 명확히 알리는 방법이다. 서로 어느 정도 안면이 있거나 약속된 이메일이라면 전자가, 그렇지 않은 경우라면 후자가 적당하다.

물론 두 방식을 섞어서 쓸 수도 있다. 소속과 이름을 밝히고 본문 내용, 즉 용건을 간략하게 알리는 제목이다. 조금 길어질 수 있지만 통상 30자 이내라면 나쁘지 않다. 너무 길어진다면 어미와 존대어 등을 생략하고 더 간략하게 쓸 수도 있다. '15일 회의 일정과 참고 자료 보내드립니다'를 '15일 회의 일정 및 참고 자료'로, '~업무와 관련해 협조 요청드립니다'를 '~업무 관련 협조 요청'과 같이 줄여 써도 괜찮다. 제목은 되도록 간단명료하게 쓰고, 예의 바르고 정중한 건 본문에서 챙기면 된다.

[출판사 클] [동강기획]처럼 제목 맨 앞에 대괄호를 이용해 소속을 적어 넣는 것도 발신자를 한눈에 알아볼 수 있게 하는 데 좋은 방법이다. 외부에 보내는 메일이라면 회사명을, 사내에 보내는 메일이라면 소속 부서나 팀명을 적는다.

답장에 답장이 반복되면서 제목 앞에 'RE: RE: RE:'가 반복되는 경우가 있는데 유지하는 게 불필요하거나 너무 길어져 지저분해 보인다면 정리하는 것도 좋다. 싹 지우고, '문의하신 ~건에 대한 답변입니다' '4차 수정안 보내드립니다'와 같이 현재 보내는 이메일의 핵심 내용을 요약해 제목으로 쓰면 된다. 참고로 이메일 제목 앞에 붙는 'RE:'는 'Reply'의 약자로 답장(회신)을 뜻하고, 'FW:'는 'Forward'의 약자로 다른 사람에게 받은 이메일을 전달했다는 의미다.

정확하게 전달하는 이메일 본문 작성법

이메일의 본문은 가급적 두괄식으로 쓴다. 가장 중요한 용건부터 제시하고 세부 사항을 적는 방식이다. 업무상 오가는 글에 기교를 부릴 필요는 없다. 문학적 문장이 아니라 명료하고 깔끔한 문장이 이메일의 정석이다. 어쩔 수 없이 내용이 길어진다면 단락을 나누고 중요한 부분은 굵은 글씨체나 색 변경, 밑줄 등을 활용해 강조하는 게 좋다.

본문 외에 추가적인 첨부 파일이 있을 때는 파일명을 명확하게 표기한다. 상대방이 무슨 자료인지 한눈에 알 수 있는 파일명이 좋다. 순서가 있는 파일에는 '1-1' '1-2'와 같이 숫자를 붙이는 것도 방법이다. 첨부하는 파일이 한글이나 워드 파일일 경우 PDF 파일을 만들어 함께 첨부하는 건 센스다. 상대에게 해당 프로그램이 없어서 문서를 열어보지 못하는 상황을 막을 수 있다. 이메일 본문에 무슨 파일을 첨부했다고 적어주는 것도 상대방이 첨부 파일을 열어보는 걸 깜빡 잊지 않게 하는 좋은 방법이다.

이메일을 보내고 난 후에는 서로 휴대전화 번호를 공유한 사이라면 문자 메시지로 이메일을 보냈다는 걸 알리는 게 좋다. 받는 이가 바쁘거나 다른 이유로 제때 이메일을 확인하지 못하는 상황을 막을 수 있고, 한편으론 '나는 제때 이메일을 보냈다'라는 걸 분명히 하는 효과도 있다. '이메일로 ~자료 보내드렸습니다. 확인 부탁드립니다' 정도면 적당하다.

간혹 표준 이메일 양식을 정해놓은 회사도 있다. 이메일을 쓰기에 앞서 표준 양식이 있는지 먼저 확인하는 게 순서다. 정해진 양식이 없다면 상사가 보낸 이메일을 참고해 따라 쓰는 것도 좋은 방법이다. 신입사원이라면 첫 이메일을 보내기 전 옆자리 직장 선배에게 한번 확인을 받는 것도 좋다. 신입 시절 모르는 건 잘못이 아니다. 물어보는 게 당연하다. 공연스레 물어보기를 주저하다 실수하는 것보다 백배 낫다.

마지막으로 앞서 강조했듯 신조어나 줄임말은 금물이다. ㅋㅋ나 ㅎㅎ도 당연히 안 된다. 업무상 이메일은 온라인으로 오갈 뿐 실제 종이로 된 서류와 똑같다. 누군가에게 전달할 업무 서류에 ㅋㅋ와 ㅎㅎ를 쓰는 직장인은 없다. 아무리 친한 사이라도 업무상 오가는 이메일이라면 예의를 갖추고 꼭 필요한 내용만 정제된 문장으로 쓴다. 이메일이 전달돼 다른 사람에게 읽힐 수도 있고, 자칫 단어 하나 때문에 공과 사도 구별 못 하는 한심한 사람이 될 수 있다.

(이메일)

적확한 이메일의 예시

제목: [출판사 클] 11월 20일 월간 편집회의 일정 및 참고 자료

김재현 차장님, 안녕하세요.
출판사 클 대리 강가연입니다.

11월 20일(월)에 진행 예정인 월간 편집회의에 앞서
일정 및 참고 자료 전달차 연락드렸습니다.
이번 회의에서는
그간 논의된 〈월간 클〉 2025년 신년호 개편안을 확정 짓는 한편,
올 한 해 발행 수익 등 성과를 공유하고 개선 방안을 논의할 예정입니다.
아래 내용을 참고하시고, 참석 여부를 회신해 주시기 바랍니다.

〈11월 월간 편집회의 일정〉
일시: 2024년 11월 20일(월) 오후 2~4시
장소: 출판사 클 1층 회의실(서울시 은평구 연서로26길 25-6)
안건: 〈월간 클〉 신년호 개편안 및 콘텐츠 확정, 성과 공유, 개선 방안 논의 등

신년호 개편안과 기타 회의 자료는 별도 첨부했습니다.
확인하시고 더 필요한 자료가 있으시면 언제든 연락해 주세요.

기분 좋은 하루 보내시길 바랍니다.
감사합니다.

[첨부파일]
신년호개편안_20241005.pdf   신년호콘텐츠구성안.pdf   2024년발행내역.xlsx

* 제목은 내용을 한눈에 알아볼 수 있도록 명확하게 기재

* 첫인사와 함께 소속과 이름 밝히기

* 본문은 두괄식으로 핵심 내용을 제시

* 세부 사항도 간결하게 요약

* 감사 인사로 마무리

* 첨부자료명도 명확하게 기재

전화 통화에도 예절이 있다

사람과 사람이 만나는 자리에서 지켜야 할 예절이 여러 가지인 것과 마찬가지로 전화 통화에도 예절이 있다. 특히 사무실에서 받는 전화는 상대방이 고객이거나 업무상 관계자인 경우가 대부분인 만큼 더욱 주의를 기울여야 한다. 나에게는 하루 종일 걸려 오는 수많은 전화 중 한 통일 수 있지만, 전화를 건 입장에서는 업무 처리를 위한 중차대한 소통 창구일 수 있다. 내 전화 응대가 회사 전체의 이미지를 높일 수도, 반대로 깎아내릴 수도 있다.

전화 받는 게 뭐 대수냐 싶을 수 있는데 대수 맞다. 누구나 손에 휴대전화를 쥐고 있는 요즘은 일반 전화를 쓸 일이 거의 없지만, 직장 생활을 시작하면 얘기가 달라진다. 외부에서 걸려 오는 전화는 물론이고 직장 내부에서의 소통, 이를테면 타 부서와의 연락 등에 일반 전화가 자주 쓰인다. 수많은 회선으로 연결된 직장 내 전화기는 사용법도 조금 다르다.

선배 중 누군가가 친절하게 미리 알려주면 좋겠지만, 그렇지 않다면 물어보자. 다른 자리에서 울리는 전화를 당겨 받는 방법, 통화

중에 상대에게 소리가 들리지 않게 하고 잠시 대기하는 방법, 내가 받은 전화를 다른 직원 자리로 연결하는 방법 등을 미리 익혀 두는 게 좋다. 가뜩이나 모든 게 낯설고 어렵기만 한 신입사원 시절, 전화 받는 것까지 스트레스를 받을 필요는 없다.

전화 통화와 관련해 최근 젊은 층에서 '콜 포비아call phobia', 즉 누군가와 전화하는 걸 두려워하는 증상이 늘고 있다는 건 심각한 문제다. 한 포털 업체가 이른바 Z세대인 1990~2010년대생 765명을 대상으로 소통 방식에 관한 설문 조사를 했는데, 응답자의 무려 40.8%가 콜 포비아 증상을 겪고 있다고 답했다. 이들은 전화보다는 문자 메시지나 온라인 채팅을 선호했다. 통화가 어렵게 느껴지는 이유로는 생각을 정리할 틈 없이 바로 대답해야 하는 점, 생각을 제대로 말하지 못할 것이 걱정돼서, 문자 소통이 편해서 등이 상위에 꼽혔다. 구체적인 증상으로는 전화가 오면 긴장과 불안을 느끼고, 심장이 뛰거나 식은땀이 나기도 한다고 답했다. 당연히 전화를 받지 않게 되고, 중요한 전화일수록 더욱 두려움을 느꼈다.

미안한 말이지만 이래선 직장 생활이 어렵다. 물론 전화 통화를 안 해도 되는 직업도 있겠지만, 가려가며 취업하기란 현실적으로 쉽지 않다. 자신감을 가지고 해보다 보면 자연스러워질 수 있다. 하지만 극복하기가 너무 힘들다면 전문가의 도움을 받아서라도 꼭 증상을 치료하길 권한다. 전화 통화는 여전히 사회생활의 중요한 도구다.

통화는 보이지 않는 미팅이다

전화는 비대면 응대다. 단순히 성질을 말하는 게 아니라, 상대방이 보이지만 않을 뿐 실제로 마주 대한 상황과 다를 게 없다는 얘기다. 수화기 저 너머에 예의를 갖춰야 할 사람이 있다. 눈에 보이지 않기 때문에 첫인상을 결정짓는 건 100% 청각적인 요소다. 목소리의 높낮이와 말투, 사용하는 언어가 나와 회사의 이미지를 좌우한다. 보이지 않아도 바로 눈앞에 상대방이 있는 것처럼 생각하고 친절한 응대에 신경 써야 한다.

메모지와 펜은 바로 사용할 수 있도록 미리 준비해 두는 게 좋다. 필요할 경우 상대방의 이름과 전화번호, 용건 등을 곧바로 받아 적을 수 있어야 한다. 전화를 받았을 때도 실제 마주했을 때와 마찬가지로 첫인사로 시작한다. 인사말 다음 소속과 이름을 밝히는 게 기본이다. 외부에서 걸려 온 전화라면 인사말, 회사명, 부서명, 이름 순으로 말하고 내부 회선이라면 회사명은 제외한다. 내부 회선의 경우 인사말을 제외하고 받고, 서로가 누구인가를 확인한 후 인사를 나누는 경우도 흔하다. 전화 인사말을 아예 정해놓은 회사도 있고 회사마다 분위기가 다르니 잘 파악해 적절히 응대하면 된다.

- 안녕하십니까. 출판사 클 마케팅1팀 강주영입니다.
- 기획2팀 유진선입니다.

내가 전화를 걸었을 때도 마찬가지다. 첫인사 다음 소속과 이름을 밝힌다. 용건을 말하기 전에 상대방이 통화가 가능한 상황인지를 확인하는 게 기본 예의다. "통화 가능하신가요?" "잠깐 통화하실 수 있으세요?" 하고 물어보면 된다. 만약 상대방이 지금은 곤란하다는 의사 표시를 한다면 이후 통화가 가능한 시간을 확인하고 제시간에 다시 건다. 마무리는 당연히 끝인사다. "감사합니다."가 기본이고 가장 무난하다.

전화를 당겨 받았을 때

다른 자리로 걸려 온 전화를 당겨 받았을 때는 '당신이 통화하려고 한 사람은 내가 아니다'라는 걸 미리 알려 불필요한 대화를 예방하는 게 서로에게 좋다. 그렇다면 언제 당겨 받느냐? 사실 이건 명확한 답이 없다. 눈치껏 받는 게 최선이다. 어딘가에서 전화벨이 울리는데 받는 사람은 없고, 주위를 둘러보니 전부 직장 선배와 나이 지긋한 상사뿐이라면 더 늦기 전에 당겨 받는 게 좋다. 가만있다가는 "거 누가 전화 좀 받지?" 하는 상사의 지청구와 함께 선배들의 따가운 눈총을 받을 수도 있다.

• 대신 받았습니다. 출판사 클 마케팅1팀 강주영입니다.

이후엔 메모를 남길 것인지, 다시 전화해 직접 통화할 것인지를 물어보고 상황에 따라 응대한다. 자리를 비운 직원의 행방을 안다면 말해 주고, 모른다면 잠시 자리를 비웠다고 하면 된다.

- 유진선 과장님은 출장 중이라 모레 출근하십니다. 메모를 남겨 드릴까요?
- 정보경 사원이 잠시 자리를 비운 것 같습니다. 잠시 후 다시 걸어주시겠어요?
- 담당자가 잠시 자리를 비웠습니다. 누가 전화하셨다고 전해 드릴까요?

마무리는 당연히 끝인사다. "감사합니다."가 가장 무난하게 쓰기 좋다. 메모는 전화 건 사람의 이름과 용건, 연락처와 함께 전화가 걸려 온 날짜와 시간을 함께 적는다. 전화를 대신 받은 사람의 소속과 이름도 잊지 말자. 메모는 원래 전화를 받았어야 하는 사람의 자리에 잘 보이도록, 바람에 날리거나 하지 않게 둔다. 담당자가 자리에 복귀하면 메모를 봤는지 확인해 업무에 지장이 없도록 하는 게 좋다.

10월 4일 오전 10:20
두성물산 김두환 과장님이 전화하셨습니다.
돌아오시는 대로 연락 달라십니다.
— 마케팅1팀 강주영

1월 27일 오후 4시 5분에 두성물산 김두환 과장님께 전화가 왔습니다.
견적서 확인 부탁하셨습니다.
— 마케팅1팀 강주영

전화를 다른 사람에게 돌릴 때

받은 전화를 다른 사람에게 돌릴 때는 그렇게 하는 이유를 간략하게 설명한다. 내 일이 아니라고 다짜고짜 전화를 돌리면 상대는 불쾌하기 마련이다. 내선 번호를 확인해 전화가 끊길 경우 다시 걸 수 있는 번호를 안내하는 것도 좋은 방법이다. 내 자리로 다시 전화가 걸려 오는 걸 방지할 수도 있다.

- 죄송하지만 말씀하신 용건은 제작부에 문의하셔야 할 것 같습니다. 담당 부서로 연결해 드리겠습니다.
- 담당 직원을 연결해 드리겠습니다. 혹시 전화가 끊어지면 000-0000번으로 전화해 주세요.

정중한 거절을 위한 부재중 문자 메시지

전화를 받을 수 없는 상황이 있다. 회의나 중요한 미팅 중이거나 승객으로 꽉 찬 대중교통 안, 한참 상영 중인 영화관이라서 통화하기가 어려울 수도 있다. 정말 통화할 수 없는 상황이 아니어도 그냥 받기 싫을 때도 있고, 통화 전에 조금 시간을 벌고 싶을 때도 있는 법이다. 휴대전화를 늘 몸에 지니고 살아가는 오늘날이지만, 걸려 오는 전화를 무조건 즉시 받아야 하는 건 아니다.

그렇다고 무작정 뚝 끊어버릴 수도 없는 노릇이다. 어쩌다 한 번이라면 몰라도 두 번, 세 번 연이어 그러기는 쉽지 않다. 상대방을 불쾌하게 만들고 '나를 무시하나?' 하는 생각이 들게 만든다. 업무상 중요한 관계이거나 직장 상사, 웃어른 등 어려운 관계라면 더욱 조심스럽다. 물론 울리는 전화를 받지 않고 놔두면 알아서 음성메시지로 넘어간다. '지금은 전화를 받을 수 없어…'로 시작하는 익숙한 음성이 나를 대신해 전화를 받을 수 없는 상황이란 걸 알려준다. 하지만 이 또한 '일부러 안 받는 게 아닐까?' 하는 의심을 지우기에는 부족하다. 몇 번 반복되면 받지 않고 뚝 끊는 것과 별다를 게 없는 불쾌감을 준다.

정말 받을 수 없을 만한 이유가 있었던 상황이라면 억울한 노릇인데, 이럴 때 유용한 게 휴대전화의 부재중 문자 알림 기능이다. 전화벨이 울릴 때 누르면 전화가 끊기면서 전화를 건 상대방에게 미리 지정해 둔 문자 메시지가 전송되는 기능이다. 정중하게 전화를 거절하는 꽤 괜찮은 방법인데 의외로 쓰지 않는 사람이 많다.

스마트폰에 이미 몇 가지 문구가 기본으로 설정돼 있고, 내가 필요한 문장을 새로 적어 저장해 놓고 쓸 수도 있다. 아이폰의 경우 '설정>전화>텍스트'로 들어가 응답 항목에서 설정할 수 있고, 갤럭시는 '전화>설정>수신 차단 및 착신 전환>수신 거절 메시지' 항목에서 고쳐 쓸 수 있다. 아이폰을 예로 들면 아래 세 가지 문구가 기본으로 설정돼 있다.

- 죄송합니다. 지금은 통화할 수 없습니다.
- 지금 가는 중입니다.
- 나중에 전화드려도 될까요?

기본 문구 셋 다 무난하지만 아주 정중하게 느껴지지는 않는다. 게다가 기본으로 저장된 문장을 보내는 게 성의 없어 보일 수도 있다. 이왕이면 좀 더 예의를 갖춰 정중한 문구를 저장했다 사용해 보자.

상대방에게 당신이 전화를 건 걸 분명히 알고 있으며, 즉시 받지 못할 상황이어서 미안하고, 재차 전화할 것 없이 기다려주면 통화할 수 있는 상황이 됐을 때 바로 연락하겠다는 걸 분명하게 알리는 게 핵심이다. 상대가 느낄 수 있는 불쾌감이나 조바심을 예방할 수 있는 건 물론이고, 짤막한 문자 메시지 하나로 꽤 예의 바르다는 인상을 줄 수도 있다. 부재중 문자 알림으로 써먹기 좋은 문구 몇 가지를 추천한다. 물론 자신의 상황에 맞춰 적절히 고쳐 쓰면 된다.

- 지금은 전화를 받기가 곤란합니다. 문자로 용건을 남겨 주시면 최대한 빨리 연락드리겠습니다.
- 죄송합니다. 지금은 통화가 어렵습니다. 용무가 끝나는 대로 연락드리겠습니다.
- 회의/행사/미팅 중이라 전화를 받을 수 없습니다. 기다려주시면 제가 전화드리겠습니다.
- 전화를 받을 수 없어 죄송합니다. 잠시 후에 연락드리겠습니다.
- 전화를 받을 수 없는 상황입니다. 급한 일이면 문자로 용건을 남겨 주세요. 최대한 빠르게 조치하겠습니다.

끝없이 울리는 전화는 짜증을 부른다

반대 상황도 생긴다. 상대방이 전화를 받지 않는 경우다. 두어 번 다시 걸어볼 수는 있겠지만 너무 여러 번 다시 거는 것도 예의가 아닌 것 같다. 실제로 상대방이 전화를 받기 어려운 상황이라면 재차 울리는 벨 소리나 진동음 탓에 곤란한 상황을 겪을 우려도 있다. 못 받든, 안 받든 우선은 그만한 이유가 있을 거라고 생각하자. 물론 촌각을 다투는, 정말 시급한 일이라면 어쩔 수 없는 노릇이지만 의심스러운 애인도 아니고 열댓 번씩 연이어 전화를 걸 수는 없다.

이럴 때도 정중한 문자 메시지를 남기는 게 좋은 방법이 될 수 있다. '내가 재차 연락을 시도 했지만 당신이 안 받았다'는 걸 분명히 하는 수단도 된다. 물론 부재중 통화 목록에 번호가 남겠지만, 추가로 보낸 문자 메시지 하나가 더 정중하고 상대를 배려하는 느낌을 줄 수 있다. 여러모로 득이 되면 됐지, 손해 볼 건 없는 조치다.

그렇다고 '전화 바랍니다'처럼 너무 간단한 문장을 툭 남기면 오히려 무례해 보인다. 재촉하는 느낌도 든다. 이왕 문자 메시지를 남기려면 정중하게, 최대한 예의를 갖추는 게 좋다. 문장의 시작은 역시나 인사말이다. 인사말과 함께 신분을 밝히고 왜 전화를 걸었는지 용건을 적는 게 순서다. 그다음 회신을 부탁하고 끝인사로 마무리하면 완벽하다.

이주민 선생님(대리님/과장님/부장님), 안녕하세요. 출판사 클 사원 정보경입니다. 문의하신 미팅 건으로 연락드렸습니다. 시간 나실 때 전화 부탁드립니다. 감사합니다.

이주민 선생님, 안녕하세요. 지난번 회의 때 인사드린 출판사 클 과장 유진선입니다. 여쭤볼 내용이 있어 전화드렸습니다. 바쁘지 않으실 때 전화 부탁드립니다. 감사합니다.

좋든 싫든 누구나 어른이 된다. 솔직히 단순히 나이로 청소년과 어른을 구분 짓는 건 어쩌면 말이 안 되는 것 같다. 어제까지 미성년자였다가, 오늘 성년이 됐다고 내 안에서 어떤 극적인 변화가 일어나지는 않는다. 변한 건 아무것도 없다.

하지만 세상은 그렇게 봐주질 않는다. 대학에 진학하든, 직장 생활을 시작하든 이제는 어른답게 행동하고 어른답게 책임질 것을 요구받는다. 준비도 없이 전혀 다른 세계로 옮겨간 기분이다. 나침반도 등대도 없이 망망대해 한가운데 놓인 막막한 심정일 수도 있다.

이 책을 쓰면서 모처럼 오래전 사회에 첫발을 내디뎠을 때를 떠올릴 수 있었다. 낯선 문화와 용어, 처음 접하는 업무와 관계에 당황하고 실수하고 야단맞고 속상해하며 견뎠던 숱한 날들. 사회생활에 익숙한 어른이 되기까지 참 긴 시간 많은 일을 겪어야 했다. 『어른의 인사말』이 그런 고된 시간을 조금은 줄여줄 수 있기를 기대한다. 당신의 빛나는 젊음에, 목적지를 알려주진 못해도 얼추 방향은 가늠할 수 있는 나침반을 쥐여 주고 싶다.

출판사 클의 책을
만나보세요.

어른의 인사말
아무도 가르쳐주지 않는 사회생활의 기본

1판1쇄 펴냄 2024년 12월 5일
1판2쇄 펴냄 2024년 12월 12일

지은이 이경석

펴낸이 김경태
편집 조현주 홍경화 강가연
디자인 박정영 김재현 | **마케팅** 유진선 강주영 정보경
펴낸곳 (주)출판사 클
출판등록 2012년 1월 5일 제311-2012-02호
주소 03385 서울시 은평구 연서로26길 25-6
전화 070-4176-4680 | 팩스 02-354-4680 | 이메일 bookkl@bookkl.com

ISBN 979-11-94374-10-7 03190